내 삶을 새롭게 눈뜨게 해주는

인생 칸타타

박요한 지음

> 살아가는 힘이 되는 책, **흐름출판**
> 막히지 않고 두루 소통하는 삶의 이치를 책 속에 담겠습니다.

내 삶을 새롭게 눈뜨게 해주는
인생칸타타

초판 1쇄 인쇄 · 2009년 5월 15일
초판 1쇄 발행 · 2009년 5월 25일

지은이 박요한 **펴낸이** 유정연 **펴낸곳** 흐름출판
기획편집 김미란 김은영 **디자인** 손은숙 박원석
마케팅 유민우 이유섭 김양희 전민지 **제작** 문경아 **경영지원** 박승남
인쇄·제본 (주)현문

출판등록 제313-2003-199호(2003년 5월 28일) **등록일자** 2003년 5월 28일
주소 서울시 마포구 서교동 464-41번지 미진빌딩 3층(121-842) **전화** (02)325-4944 **팩스** (02)325-4945
이메일 book@hbooks.co.kr **홈페이지** http://www.hbooks.co.kr **블로그** blog.naver.com/nextwave7
ISBN 978-89-90872-64-7 03320

이 책은 저작권법에 따라 보호를 받는 저작물이므로 무단전재와 복제를 금지하며, 이 책 내용의 전부
또는 일부를 사용하려면 반드시 저작권자와 흐름출판의 서면 동의를 받아야 합니다.

• 파손된 책은 구입하신 서점에서 교환해드리며 책값은 뒤표지에 있습니다.

> 흐름출판은 독자 여러분의 원고 투고를 기다리고 있습니다. 원고가 있으신 분은 book@hbooks.co.kr로
> 간단한 개요와 취지, 연락처 등을 보내주세요. 머뭇거리지 말고 문을 두드리세요.

내 삶을 새롭게 눈뜨게 하는
인생 칸타타

앞으로 나아갈 용기와 지혜가 필요한 당신에게
나침반이 되어줄 69가지 인생의 지혜!

―― 박요한 지음

흐름출판

프롤로그

아름다운 그림은
어두운 색을 마다하지 않는다

   우리는 모두 화가입니다. 태어나서 죽을 때까지 각자 인생의 그림을 그려가고 있습니다. 누구나 자기 인생의 그림만은 아름답기를 소원합니다. 그러나 사람들이 오해하고 있는 것이 하나 있습니다. 아름다운 그림을 위해서는 오직 화려한 색의 물감만 필요하리라는 생각입니다. 사람들은 오직 화려한 색깔 하나로만 자기 인생의 그림을 그리고자 합니다. 화려한 색만 있으면 아름다운 그림이 저절로 탄생하는 것처럼 말입니다.

   빨강, 노랑, 주황… 이런 색만 칠한다고 해서 아름다운 그림이 되는 것은 아닙니다. 이런 색만 칠해진 그림이라면 아름답기보다는 추한 쪽에 가까울 것입니다. 아름다운 그림은 화려한 색과 어두운 색을 구별하지 않습니다. 화가라면 누구라도 그림을 더 아름답게 표현하기 위해서 곱지 않은 색깔도 필요하다는 것을 압니다. 화려한 색은 어두운 색을 친구로 삼아 함께 어우러집니다. 그리고 그 어우러짐이 적절하게 조화를 이룰 때 아름다운 그림이 탄생합니다.

한 사람이 길을 가고 있었습니다. 빠르게 걸음을 옮기는 중이라 길 중앙에 튀어나온 돌을 보지 못하고 걸려 넘어졌습니다. 일어선 행인은 힘껏 돌을 찼습니다. 웬일인지 돌이 두 배로 커지는 것이 아닙니까? 화가 났습니다. 그래서 다시 힘껏 돌을 찼습니다. 돌이 더 커졌습니다. "어라!" 행인은 한 번 더 돌에 발길질을 했습니다. 그러자 돌이 집채 만해져서 길을 떡 가로막고 말았습니다.

이솝우화에 나오는 이야기입니다. 문제란, 집중하고 걱정할수록 점점 커진다는 교훈을 알려주고 있습니다.

어떤 사람은 하도 걱정이 많아서 걱정하는 수요일을 만들었다고 합니다. 문제가 생길 때마다 상자에 모두 담아놓았다가 수요일에 꺼내서 한꺼번에 걱정하기로 한 것입니다. 그런데 걱정하는 수요일을 만들고 나서 놀라운 현상이 일어났습니다. 그 순간에는 급하고 중대하게 여겨졌던 문제가 수요일에 상자를 열어보면 별반 문제도 아니었다는 것입니다.

인생을 살다보면 어떤 문제가 닥칠지 모릅니다. 내 인생에 어려움이 없기를, 힘든 문제가 없기를 바라지 마세요. 인생은 사막과 같습니다. 어느 인생이나 갑자기 불어 닥친 모래폭풍으로 인해 한 발도 내딛기 힘들 때가 있습니다.

중요한 것은 모래폭풍은 곧 지나간다는 사실입니다. 모래폭풍이 지나고 나면 어느 순간 평안하고 드넓은 길이 나타납니다.

그러니 지금 어두운 색이 칠해졌다고 너무 걱정하지 마세요. 곧 아름다운 그림이 탄생할 것입니다. 눈앞의 문제는 머잖아 해결될 것입니다. 어려움은 곧 사라질 것입니다. 걱정은 기쁨으로 변할 것입니다. 인생이 지금 어두운 색뿐이라고 우울했던 당신의 마음은 곧 아름답게 그려진 그림 앞에서 기쁨의 탄성을 지르게 될 것입니다.

이 책 속에는 형형색색의 이야기가 많이 나옵니다. 다양한 이야기를 만나면서 함께 행복을 느끼고, 감사하고, 용기를 얻었으면 좋겠습니다. 성공한 인생 뒤에 감추어진 어두운 색의 과거를 보면서 당신의 오늘에 감사하게 될 것입니다. 절망의 심연이 변하여 희망이 된 이야기를 읽으며 내일의 희망을 보게 될 것입니다. 어떤 이야기는 긴장으로 뭉쳐진 당신의 마음에 여유와 웃음을 줄 것입니다. 고통조차 아름다운 인격의 밑그림으로 삼은 사람들의 이야기에서는 진한 감동을 받을 것입니다.

책이 나오기까지 많은 분들의 수고가 있었습니다. 재미있어 자꾸만 책을 넘기게 된다면서 기분 좋은 칭찬을 해준 유정연 사장님, 멋진 책으로 만들어준 편집부 직원들, 멋진 일러스트레이션으로 책의 가치를 높여준 신동민 작가 등 수고하신 모든 분들께 감사드립니다.

마지막으로 내 인생에 행복의 샘이 되어준 가족들에게 사랑의 마음을 전합니다.

2009년 5월

박 요 한

contents

프롤로그　　아름다운 그림은 어두운 색을 마다하지 않는다

1 이제, 인생에 눈을 뜨다

세상의 기준에 나를 맞추려고 애쓰지 마라 14
하루를 사는 법 17
희망은 사라지지 않는다, 다만 놓아버릴 뿐 20
이 세상에 문제없는 곳은 무덤뿐 22
한방에 해결되는 일은 없다 25
고통이 의미하는 것 27
기회는 항상 가면을 쓰고 찾아온다 30
오랜 꿈이 깨졌다면 33
경기는 끝나지 않았다 37

2 고통을 노래하면 예술이 된다

고민의 밤이 있기에 사람이 아름답다 42
산도 좋고 물도 좋은 곳? 45
엄청난 시련이 와도 담담하게 48
고난이 주는 선물 50
절망도 습관이다 52
영혼을 울리는 인격이란 56
이 일에서는 실패해도 저 일에서는
성공할 수 있다 58
실패와 대면하는 법 60
철새가 먹이를 두고도 떠나는 이유 63
몸이 바쁘면 고민이 찾아들지 못한다 65

3 사람 사이 사귐의 지혜

남 잘되기를 바라면 나도 잘된다 70
동병상련의 기쁨 72
칭찬 한마디의 값어치 74
미소는 당신이 가진 최고의 능력 77
옳고 그름보다 더 중요한 것 81
부부 간의 불화를 해결하는 최고의 대화법 84

우리는 사소한 일에 분노한다 86
사람들에게 섭섭할 때 88
실수했을 때 제일 먼저 해야 할 일 91
잘난 척하고 싶을 때 기억해야 할 것 93

4 선택이 나를 만든다

내가 가진 것을 종이에 적어보니 96
말이 인생을 바꾸는 과정 100
평범한 오늘이 바로 행복이다 103
지금 하는 일이 지겨울 때 105
지진아를 최고의 의사로 만든 한마디 107
자살하기 전에 꼭 해봐야 할 것 110
세상이 마음에 안 든다면 114
똑똑한 비평가에게 116
비난에 대처하는 한 가지 방법 118
두려움을 넘어서면 121

5 행복의 기본 공식

세상은 다 그런 것이 아니다 126
집에 다 있다 129
함께 울 수 있는 친구가 있는가 132
동화를 읽어야 하는 이유 135
불행은 어디서 오는가 138
얼마를 더 벌면 행복할 수 있을까 141
기적을 일으키는 마음 144
사람을 변화시키는 가장 쉬운 방법 146
사랑을 오래 유지하려면 148
그 무엇이 어머니의 사랑을 대신하랴 150

6 지금 여기서 유쾌하게 살아가기

사소한 것에 목숨 걸어야 하는 이유 154
대박의 탄생 157
남을 의심하기 전에 생각해봐야 할 것 160
운명을 바꾸려면 162
전문가의 말을 들을 때 주의해야 할 점 164
말도 안 되는 윗사람의 요구에 대처하는 법 166
실패라는 이름의 영양제 169

미래가 궁금할 때 172

공짜를 좋아하시나요? 175

비둘기처럼 착하고 뱀처럼 지혜롭게 180

7 삶의 속도를 늦추면 사는 법이 달라진다

자존심 상할 때 184

간절히 바라는데도 얻지 못하는 이유 187

우리는 왜 만족하지 못할까 189

불안에서 벗어나는 놀라운 방법 191

명예를 지키는 법 193

본래의 나와 만나기 195

도움보다 외면이 필요할 때 198

동전 소리와 귀뚜라미 소리 201

죽을 만큼 힘들 때 204

행복한 멈춤 206

1

이제,
인생에 눈을 뜨다

세상의 기준에
나를 맞추려고 애쓰지 마라

노르웨이의 어느 숲속에 새알이 몇 개 널려 있었습니다. 한 소년이 숲속에 들어갔다가 알을 발견하고 그중 하나를 들고 와 집에 있는 거위 알 틈에 끼워 넣었습니다.

얼마 후 주워온 알은 거위 알과 함께 부화했습니다. 그 알에서는 못생긴 놈이 나왔는데 발 모양도 흉하고, 걸음도 잘 걷지도 못하고, 머리털은 삐죽하게 솟아오른 게 발톱을 거꾸로 세워 놓은 것 같았습니다. 색깔도 예쁜 크림색이 아니라 칙칙한 갈색이었습니다. 설상가상으로 목소리까지 깩깩거리며 아주 듣기 싫은 소리를 내었습니다. 다른 새들처럼 날지도 못했습니다. 선천적으로 열등한 놈처럼 보였습니다.

그러던 어느 날 커다란 독수리 한 마리가 곳간 마당을 맴돌았습니다. 독수리가 점점 고도를 낮추며 내려오자 겁을 잔뜩 집어먹은 못생긴 꼬마 새는 머리를 쳐들더니 뾰족하고 뒤틀린 벼슬을 하늘로 내밀었습니다. 그러더니 날개를 펴고 마당을 가로질러 종종걸음을 치기 시작했습니다. 꼬마 새가 점점 더 세게 날개를 퍼덕이자 마침내 몸이 뜨더니 날기 시작했습니다. 날갯짓을 더 힘차게 하자 하늘 높이 날아올랐습니다. 새는 구름까지 날아오르면서 아래를 내려다보았습니다. 온 세상이 조그맣게 보였습니다. 그 새는 독수리였습니다. 자기가 독수리인 것도 모르고 거위 틈에서 이제까지 살았던 것입니다.

자신이 다른 사람들과 다르다고 실망하는 사람을 만납니다. 세상 기준은 그 사람을 열등하다고 평가해버립니다. 당사자는 열등감을 안고 살게 됩니다.

다르다는 것이 열등한 것은 아닙니다. 다르다는 것은 그냥 다른 것입니다. 거위와 다르다고 열등한 거위가 아닙니다. 거위와 다르다는 것은 독수리일 수 있다는 뜻입니다.

아인슈타인은 고등학교 때까지 열등생이었습니다. 오죽했으면 선생님이 "이 아이는 무엇을 해도 잘할 가능성이 없습니다."라는 가정

통신문을 보냈겠습니까? 그런데 아인슈타인 어머니의 반응이 놀라웠습니다. "우리 아이는 열등한 것이 아니라 남들과 다를 뿐입니다." 라고 말한 것입니다. 그러고는 아들에게 당당하게 말했습니다. "네가 남들과 같아지려고 하면 잘해야 남들처럼 될 것이다. 그러나 남들과 다르다면 최고가 될 수 있다."

당신이 남들과 다르다면, 열등하다는 비난을 듣고 있다면, 사회에서 소외당하고 따돌림 받고 있다면 그것이야말로 당신이 독수리일 수 있다는 중요한 증거입니다.

하루를 사는 법

　1871년 봄, 몬트리올 제너럴 병원의 의학도였던 한 청년이 졸업시험을 앞두고 걱정 때문에 마음이 몹시 불안했습니다. 졸업시험에 합격할지, 합격하면 무엇을 할 것인지, 어디로 갈 것인지, 어떻게 개업을 할 것인지, 어떻게 생활을 꾸려나가야 할 것인지, 걱정거리가 한두 가지가 아니었습니다. 그러던 어느 날 책을 읽다가 우연히 운명을 바꾼 한 구절을 만나게 되었습니다.

이 한 구절에 힘입어 이후 그는 네 개 대학의 교수가 되었고, 유명한 책을 저술했으며, 세계적으로 가장 높은 명예의 상징인 옥스퍼드 대학의 명예교수가 되었습니다. 또한 영국에서 작위를 받고, 세상을 떠났을 때는 1,500페이지에 달하는 전기 두 권이 간행되었습니다.

이 사람은 바로 윌리엄 오슬로 경입니다.

다음은 그가 1871년 어느 날 책에서 읽었다는 구절입니다.

"우리의 중요한 임무는 먼 곳에 있는 희미한 것을 보는 일이 아니라 가까운 곳에 있는 똑똑하게 보이는 것을 실행하는 일이다."

그는 이 한 문장으로 염려에서 해방되고 당대에 가장 유명한 의사가 된 것입니다.

그로부터 42년 후, 교정에 아름다운 튤립이 만발한 봄날 저녁, 윌리엄 오슬로 경은 예일대학 학생들에게 연설을 하고 있었습니다.

"여러분! 인생 항해를 좀 더 안전하게 하기 위해 미래의 문과 과거의 문을 모두 닫아버리세요. 미래와 과거라는 앞뒤 문을 굳게 닫아버리

고 오늘이라는 시간에 충실하게 생활하는 습관을 지니도록 하십시오. 오늘이야말로 가장 찬란한 내일입니다."

그렇습니다. 오늘이야말로 가장 찬란한 내일입니다.

희망은 사라지지 않는다, 다만 놓아버릴 뿐

한 대학교수가 수업시간에 학생들에게 질문을 했습니다.
"아버지는 매독에 걸렸고 어머니는 폐결핵 환자다. 아이 넷이 있는데 첫째 아이는 매독으로 장님이 되었고 둘째 아이는 병들어 죽었고 셋째 아이는 병으로 귀머거리가 되었고 넷째 아이는 결핵환자다. 그런데 어머니가 또 임신을 했다. 이런 경우 아이를 낳아야 할까 유산을 시켜야 할까?"
똑똑한 학생 하나가 대답했습니다.
"당연히 유산시켜야 합니다."
대답을 들은 교수가 점잖게 말했습니다.
"그대는 지금 베토벤을 죽였네."

우리는 너무 쉽게 희망을 놓아버립니다.

우리는 부정적인 해석에 너무 익숙해져 있습니다.

그러나 상황이 아무리 절망적으로 보여도 당해 보면 그런대로 견딜 만합니다.

미리 절망하고 미리 겁먹어서 그렇지, 막상 맞부딪혀 싸워보면 절망처럼 보이는 상황도 생각보다 절망적이지 않다는 것을 깨닫습니다.

당신이 절망이라고 해석하는 상황에서도 희망은 언제나 존재합니다.

희망은 사라지는 것이 아니기 때문입니다.

이 세상에
문제없는 곳은 무덤뿐

노만 빈센트 필 박사에게 근심 어린 표정을 한 청년이 찾아와서 질문했습니다.
"박사님, 내 인생에는 문제가 꼬리에 꼬리를 물고 이어지고 있습니다. 이 세상에 어디 문제없는 곳은 없습니까? 그런 곳이 있다면 제게 좀 알려 주십시오."
"문제없는 곳이 있기는 하지요. 이곳 뉴욕 시내에서 그리 멀지 않은 곳에 있습니다."
필 박사의 말에 청년은 잔뜩 기대를 품고 빨리 알려달라고 재촉했습니다.
"네, 그곳은 저 언덕 너머에 있는 우드로운 공동묘지입니다."
필 박사가 천연덕스럽게 말했습니다.

우리에게는 가능한 한 편하기를 바라는 공통된 심리가 있습니다. 무사, 평안, 건강, 안일 … 오로지 이런 것들이 끝없이 이어지기를 바랍니다. 그러나 유감스럽게도 세상에 그런 평화가 있을 리가 없습니다.

문제가 꼬리에 꼬리를 물고 이어지는 것이 세상사입니다.

"어디 평안한 곳이 없을까요?"

무덤에 들어가기 전까지는 세상에 평안한 곳이란 없습니다.

한방에 해결되는 일은 없다

　　1895년 미국은 끔찍한 불황을 겪고 있었습니다. 많은 사람들이 직장을 잃고 사업이 도산했습니다. 그때 오리슨 스 마든이라는 사람이 한 가지 결심을 했습니다. 그는 직장을 잃고 사업이 도산한 사람들에게 다시 일어설 수 있는 힘과 용기를 주기 위해 책을 쓰기로 했습니다. 그는 말 보관소 위에 방을 하나 잡고 글을 쓰기 시작했습니다. 제목은 '삶의 전면에 나아가서'로 잡았습니다.

이 책을 쓰는 데 꼬박 일 년을 매달렸습니다. 드디어 마지막 페이지를 마치고 허기진 배를 채우기 위해 카페에 들어갔습니다. 그런데 식사를 하는 동안 말 보관소에 불이 나고 말았습니다. 그가 돌아왔을 때는 800페이지가 넘는 원고가 불타서 모조리 사라진 뒤였습니다.

그는 포기했을까요?

아닙니다. 마든은 기억에 의지해 다시 책을 쓰기 시작했습니다. 다시 한 해를 매달렸습니다. 1년 뒤 완성된 원고를 들고 출판사를 찾아갔습니다. 그러나 온 나라가 극심한 불황과 실업으로 허덕이는 마당에 무명작가가 쓴 책을 출판해줄 리가 만무했습니다. 여러 출판사를 찾아갔으나 결과는 마찬가지였습니다.

그는 포기했을까요?

아닙니다. 다른 직업을 구해 생계를 유지하면서 계속 출판사를 알아보았습니다. 그러던 어느 날 한 친구에게 원고 이야기를 했습니다. 다행히 그 친구가 친분이 있는 출판업자에게 소개를 해주었습니다. 그렇게 인연이 닿아 책이 출판되었습니다. 《삶의 전면에 나아가서》라는 책입니다.

이 책은 출판되자마자 선풍적인 인기를 얻었고 미국 전역에서 베스트셀러가 되었습니다.

한방에 골리앗을 잡겠다는 다윗 신드롬에서 벗어나야 합니다.

이 유혹에서 벗어나지 못해 많은 사람들의 생활이 엉망이 되어 가고 있습니다.

인생은 엘리베이터 같은 것이 아닙니다. 인생은 산을 오르는 것과 같습니다. 올라가는 것 같으면 내려가고, 내려가다가 또 오르기를 반복하면서 정상에 점점 가까워지는 것입니다.

고통이 의미하는 것

북해에서는 싱싱한 청어가 많이 잡혔습니다. 런던 시민들이 특히 청어를 좋아해서 북해에서 잡은 청어를 런던까지 수송해 오곤 했습니다. 큰 물탱크에 청어를 산 채로 넣어서 런던까지 수송해 왔습니다. 일정한 시간에 먹이를 주면서 싣고 오면 런던까지 살아 있는 청어를 가져올 수 있었습니다.

그러나 도착할 때쯤 되면 청어는 먼 여행에 지쳐 거의 탈진 상태가 되곤 했습니다. 살아 있기는 해도 신선도가 현저하게 떨어지니 청어 값도 떨어지고 판매도 영 부진했습니다. 수고에 비해 수입이 적었습니다. 청어를 원하는 사람들도 좀 더 싱싱한 청어를 먹고 싶어 했습니다.

그런데 오로지 한 사람만은 북해에서 잡은 청어를 런던까지 신선한 상태로 수송해 팔았습니다. 이 사람의 청어는 언제나 싱싱했기 때문에 청어를 찾는 사람이 많았고, 그 덕분에 돈도 많이 벌었습니다. 다른 수산업자들도 비결을 배우고 싶어 했습니다. 알고 보니 비결은 아주 간단했습니다. 청어들 틈에 커다란 메기 한 마리를 넣어주는 것이었습니다.

사람들은 '메기를 넣으면 메기가 청어를 잡아먹지 않을까?' 하고 걱정했지만 사실 먹어 봐야 몇 마리에 지나지 않는다고 합니다. 그는 바로 그 점을 노린 것입니다. 메기가 청어를 잡으려고 쫓아다니면 청어는 잡아먹히지 않으려고 필사적으로 헤엄을 치면서 달아나야 합니다. 그러다 보면 청어가 런던에 도착할 때까지 싱싱하게 살아 있다는 이야기였습니다.

우리의 무기력은 대부분 너무 안락한 생활에서 옵니다.

활기찬 인생을 위해서는 적당한 고통이 필요합니다.

고통은 우리를 긴장하게 합니다.

고통은 새로운 일에 도전하도록 열정을 줍니다.

고통에서 벗어나고자 애쓰는 동안 자기도 모르게 발전합니다.

고통은 분명 힘든 것이지만 고통 때문에 오늘 활력이 넘치는 것입니다.

기회는 항상
가면을 쓰고 찾아온다

옛날에 어느 돈 많은 노인이 머슴들을 많이 거느리고 있었습니다.

어느 날 무슨 마음이 들었는지, 부자 노인이 내일이면 저들에게 자유를 주겠다고 선언을 했습니다. 머슴들은 뜻밖의 소식에 기뻐하며 마음이 들떠 있었습니다. 하루 종일 일이 손에 잡히지 않았습니다. 저녁 때쯤 되었을 때 노인은 짚을 한 다발 가지고 오더니 머슴들에게 짚단을 하나씩 나누어주면서 새끼를 꼬라고 했습니다.

어떤 머슴들은 빈정대며 욕을 했습니다.

"이렇게 오랫동안 부려먹고도 모자라서 이제 하룻밤 남았는데 끝까지 부려먹겠다고?"

이들은 노인을 비방하면서 되는대로 대충 굵직굵직하게 새끼를 꼬고는 아무렇게나 던져 놓고 잠들어버렸습니다.

그러나 몇몇 사람들은 '이제 하루밖에 안 남았으니 끝까지 잘 해주고 나가야지.'라고 생각하고 밤새 정성껏 가늘고 고운 새끼를 꼬았습니다.

날이 밝자 노인은 광 문을 활짝 열어놓고는 각자 꼰 새끼를 가지고 오라고 말했습니다.

"여기 쌓여 있는 엽전을 어제 각자가 꼬아 놓은 새끼줄에 끼워서 가지고 갈 만큼 가져가거라."

노인의 말에 머슴들의 표정이 확 달라졌습니다.

노인을 욕하며 새끼를 아무렇게나 꼰 머슴들은 끄트머리에 엽전 몇 닢을 끼울 수밖에 없었습니다. 그러나 밤을 새워 가늘고 곱게 새끼를 꼰 머슴들은 엽전을 잔뜩 끼워서 갈 수 있었습니다.

우리는 대충, 건성으로, 마지못해, 불평하며 일하느라 우리 앞에 다가온 기회를 알아차리지 못합니다. 기회를 멋지게 잡는 사람들을 보면서 "왜 나에게는 저런 행운이 따르지 않는 거야?" 하며 아쉬워할 뿐입니다.

오늘도 그렇게 불평하면서 또 아쉬워하면서 당신 앞을 지나가는 행운을 놓치겠습니까?

기회는 '기회'라고 써 붙이고 다가오지 않습니다.

기회는 항상 가면을 쓰고 찾아옵니다.

오랜 꿈이 깨졌다면

요단강 계곡에 나무 세 그루가 있었습니다. 나무들은 저마다 소원을 가지고 있었습니다. 첫 번째 나무는 예루살렘으로 가서 성전 재목이 되고 싶었습니다. 많은 사람들이 와서 경배하는 성전의 한 부분이 되고 싶었던 겁니다.

두 번째 나무는 바다로 가고 싶었습니다. 범선이 되어 사람들의 왕래를 도울 뿐 아니라 온 세계를 두루 다니면서 환상적으로 살고 싶었습니다.

세 번째 나무는 그대로 그 자리에 남고 싶었습니다. 아주 높이 자라서 하늘을 향해 가지를 치켜들고 산을 오르는 사람들이 그 그늘에 앉아 쉬면서 휴식을 취하도록 해주고 싶었습니다.

세월이 지나 세 그루 나무는 잘려 나가게 되었습니다.

예루살렘의 성전 기둥이 되고 싶었던 첫 번째 나무는 잘려서 베들레헴으로 가게 되었습니다. 그 나무는 나귀와 소의 먹이통이 되는 슬픈 신세가 되었습니다.

두 번째 나무는 큰 배가 되어 대양으로 나가고 싶었는데, 서글프게도 조그마한 조각배가 되고 말았습니다. 냄새나는 어부들과 비린내 나는 생선이나 싣고 다니는 신세가 되었습니다. 게다가 일이 없을 때는 호숫가에서 따분한 시간을 보내야 했습니다.

 그냥 그 자리에 있고 싶어 했던 세 번째 나무는 찍히고 다듬어져 엉뚱하게도 저주받은 죄인을 매달아 죽이는 십자가가 되었습니다. 비참하기 그지없었습니다.

세 나무 모두 꿈이 산산조각 나버렸습니다. 사람들이 우러러보는 위대한 일을 하길 원했는데, 꿈을 이루기는커녕 오히려 초라한 신세로 전락해 버렸습니다. 나무들은 자신의 모습에 견딜 수 없는 비참함을 느꼈습니다.

한참 후에 유대 땅에 예수가 태어났습니다. 예수는 마구간에서 태어났는데, 첫 번째 나무였던 그 말구유는 결국 예수를 눕히는 침대가 되었습니다. 이렇게 해서 첫 번째 나무는 큰 영광을 얻었습니다.

다시 세월이 더 흘러 예수가 복음을 널리 전할 때 갈릴리 호수에 와서 보잘 것 없는 한 조각배에 올라앉아 천국에 대해서 말씀하셨습니다. 그때 예수가 앉았던 그 고기잡이배가 두 번째 나무로 만들어진 배였습니다.

몇 년쯤 세월이 더 흘렀습니다. 예수가 십자가에 못 박혀 죽으셨는데, 바로 그 세 번째 나무로 만들어진 십자가에 매달리셨습니다. 저주받았다고 생각했던 나무는 사람들에게 길이길이 추앙받는 십자가가 되었습니다.

기대하던 화려한 꿈이 깨졌다고 너무 슬퍼하지 마세요. 기대했던 꿈이 깨어지는 순간은 포장지가 찢기는 순간과 같습니다. 화려한 포장지가 아깝더라도 내용물을 꺼내기 위해서는 포장지를 찢어야 합니다. 포장지가 찢어지는 것이 싫다고 그냥 두고 보기만 하는 사람은 없습니다. 포장지 보는 재미에 물건을 사는 사람은 없습니다. 포장지는 찢겨야 합니다. 포장지가 찢기고 나면 이제 훨씬 가치 있는 진품이 나올 것입니다.

당신 안에 감추어진 보배가 드러나는 순간입니다.
기대하지 못했던 당신의 가치와 재능이 발견되는 순간입니다.

당신 인생에 포장지가 찢어지는 소리가 들리거든

'이제 놀라운 일이 기다리고 있겠구나!' 하고 기대해도 좋습니다.
드디어 진품 인생이 시작되는 순간이니 말입니다.

경기는 끝나지 않았다

미국 39대 대통령을 지낸 지미 카터는 재임시절 역대 대통령 가운데 가장 인기 없는 대통령이었습니다. 그러나 퇴임 후 가장 성공한 대통령으로 손꼽힙니다. 그는 2002년 노벨 평화상을 받기도 했습니다.

그의 좌우명은 '왜 최선을 다하지 않았는가?' 라고 합니다. 이 좌우명을 가지게 된 사연은 이렇습니다.

해군사관학교를 졸업하고 임관 바로 직전에 그 유명한 해군제독 린 오버와 면담할 기회가 있었습니다. 제독이 젊은 사관에게 전략과 전술, 군인의 자세에 대한 여러 가지 질문을 폭격처럼 퍼부어대자 카터는 땀을 뻘뻘 흘리며 대답을 했습니다.

제독은 본격적인 질문과 대답이 끝나자 부드러운 표정으로 이렇게 물었습니다.

"자네, 학교 성적은 어땠는가?"

카터는 사관학교를 차석으로 졸업했으니 아주 잘했다고 생각하고 자신 있게 성적을 말했습니다. 그런데 제독은 아주 차가운 반응을 보이더니 카터에게 되물었습니다.

"그것이 자네가 최선을 다한 성적인가?"

카터가 당황하여 말을 하지 못하고 있는데 재차 질문이 들어왔습니다.

"자네는 최선을 다했는가?"

그제야 카터는 더듬거리면서 말했습니다.

"최선을 다했다고는 말씀드릴 수 없습니다."

그 말에 제독은 무섭게 쏘아보며 소리치듯 말했습니다.

"왜 최선을 다하지 않았는가?"

너무 당황한 나머지 머뭇거리고 있는데 제독이 다시 물었습니다.

"왜 최선을 다하지 않았는가라고 묻고 있지 않은가?"

그는 더욱더 대답할 수가 없었습니다. 얼굴을 붉히며 그냥 서 있을 수밖에 없었습니다. 면담은 그렇게 끝이 났습니다.

이 사건은 카터에게 커다란 충격을 주었습니다. 그때부터 카터는 '왜 최선을 다하지 않았는가?'를 평생의 좌우명으로 삼게 되었다고 합니다.

카터는 1977년 미국 39대 대통령으로 당선되었으나 재선에 실패하고 물러나야 했습니다. 무능한 대통령이라는 비난을 받으며 물러난 카터는 사람들 뇌리에서 빠르게 잊혀져 갔습니다.

그렇게 25년의 세월이 지났습니다. 모두들 그를 잊은 듯했습니다. 그러나 2002년 79세의 나이로 카터는 노벨 평화상을 받으며 미국과 세계를 놀라게 했습니다.

"인생의 경기란 주심이 마지막 휘슬을 불어야 끝이 난다. 휘슬을 부는 주심은 다른 사람이 아닌 바로 당신 자신이다."
미국의 베스트셀러 작가였던 요기 베라의 말입니다.

2

고통을 노래하면 예술이 된다

고민의 밤이 있기에
사람이 아름답다

그리스 신화 중에 '레테 강 이야기'가 있습니다.
레테 강은 사람이 그 강물을 마시면 자신의 과거를 모두 잊어버린다고 하는 망각의 강이었습니다. 그리고 죽은 사람이 건너는 스틱스 강이 그 옆에 있었습니다.
한 여인이 스틱스 강에 이르러 이제 이 강을 건너 영원한 나라로 갈 참이었습니다. 죽음으로 가는 길 도중에 있는 스틱스 강을 건너려는데 뱃사공이 여인에게 말했습니다.
"이 강을 건너기 전에 레테의 물을 마시고 갈 것인지 마시지 않고 갈 것인지를 결정해야 합니다."
뱃사공의 말에 여인이 물었습니다.
"그 물을 마시면 어떻게 됩니까?"

뱃사공이 대답했습니다.

"그 물을 마시면 지난날의 괴로움을 말끔히 잊어버리게 됩니다."

여자는 눈을 반짝이며 반색을 했습니다.

"정말요? 그렇다면 어서 마셔야지요. 나는 과거의 괴로운 일들을 말끔히 씻어버리고 싶어요. 어서 그 물을 제게 주세요."

그러자 뱃사공이 한마디를 덧붙였습니다.

"그런데 생각해봐야 할 것이 한 가지 있습니다. 이 물을 마시면 괴로운 일을 잊어버리는 동시에 기뻤던 일도 다 잊어버리게 된다는 것입니다."

순간 여인은 고민에 빠졌습니다.

아프고 괴로웠던 일은 잊어버리고 싶었습니다.

그러나 얼마 되지 않는 기쁜 일까지 잊어야 한다니 마음이 내키지 않았습니다.

여인은 한참을 생각하더니 대답했습니다.

"마시지 않겠어요."

인간 말고 세상에 어떠한 존재도 고민의 밤이 무엇인지 알지 못합니다.

고민의 밤은 신이 인간에게만 내려준 유일한 선물입니다.

'일 년 내내 햇빛만 비추면 옥토도 사막이 된다'는 독일 속담이 있습니다.

웃음이 여러 면에서 좋은 것은 분명하지만 웃음뿐인 인생이라면 반쪽 인생입니다.

웃음이라는 씨줄만으로는 부족합니다.

고민이라는 날줄이 적절하게 섞일 때 아름다운 인생의 수가 놓입니다.

인간이 아름다운 것은 고민의 밤을 가지고 있기 때문입니다.

산도 좋고
물도 좋은 곳?

세 사람이 갑자기 죽어 염라대왕 앞에 불려갔습니다. 염라대왕이 생명록을 보니까 이 세 사람은 아직 죽을 사람들이 아닌데 저승사자가 잘못 데려왔던 것입니다. 그래서 염라대왕이 다시 세상으로 보내려고 하는데 미안한 마음이 들어서 각자 소원을 하나씩 들어주기로 했습니다.

"너희들은 돌아가서 몇 년 더 살다 와야겠다. 우리가 실수를 해서 잘못 데려온 것이니 소원을 한 가지씩 들어주겠다. 각자 소원을 한 가지씩 말해보라."

그러자 한 사람이 얼른 이렇게 말했습니다.

"저는 너무 가난하게 살았습니다. 돈을 많이 가져보는 것이 소원입니다."

염라대왕은 그에게 돈을 듬뿍 주었습니다.

두 번째 사람이 말했습니다.

"저는 돈이 권력 앞에 무릎 꿇는 것을 보았습니다. 저에게는 큰 권력을 주십시오."

그래서 권력을 받았습니다.

이어서 세 번째 사람이 말했습니다.

"저는 돈도 권력도 필요 없습니다. 경치 좋은 곳에 아름다운 집을 짓고 아무 걱정 없이 사랑하는 사람과 오래오래 살고 싶습니다."

이렇게 말했더니 염라대왕이 대뜸 "예끼 놈!" 하고 호통을 치고는 이렇게 말했습니다.

"이놈아, 그런 곳이 있으면 내가 가겠다."

인생은 마치 솜이불 같아서 여기를 들면 저기가 처지게 마련입니다. 노력한다고 모든 일이 다 가능한 것은 아닙니다. 인생에는 노력해도 안 되는 일이 얼마든지 있습니다. 안 되는 일이 있다는 것을 겸손하게 인정하지 못하니까 무리하다가 몸까지 상하는 것입니다.

너무 완벽한 환경을 만들려고 하지 마세요.
부족한 대로 살아가는 법을 배우는 것이 지혜입니다.

엄청난 시련이 와도 담담하게

미국 뉴저지 주에 토머스 에디슨의 연구실이 있습니다. 에디슨은 이곳에서 축음기, 전구, 영사기를 비롯해 3,000개 이상의 발명품을 만들고 1,000여 개의 특허를 얻어냈습니다.

그런데 1914년 12월 어느 날 실험실에 불이 나서 하룻밤 사이에 모든 것이 잿더미가 되어버렸습니다. 에디슨이 60년 동안이나 다루던 연구 시설이 불꽃과 함께 사라져버렸습니다. 이 사실을 전하려고 아버지에게 달려온 아들 찰스는 입을 열 수가 없었습니다. 어떻게 설명해야 할지, 무슨 말로 위로를 드려야 할지 난감했습니다. 간신히 사실을 전한 아들에게 에디슨은 뜻밖의 반응을 보였습니다.

"어서 네 어머니를 모시고 오너라. 평생에 두 번 다시 볼 수 없는 광경을 함께 보러 가야 되겠다!"

67세의 노인 에디슨은 아내와 함께 불이 난 현장으로 달려갔습니다. 그는 타고 남은 실험실의 잿더미를 바라보면서 태연한 어조로 이렇게 말했습니다.

"우리의 모든 과오는 이렇게 다 불타버렸소. 이제 처음부터 다시 시작할 수 있게 되었소. 하나님께 감사합시다."

그 이후로 에디슨은 17년을 발명과 연구에 몰두했습니다. 80세가 넘어서도 하루 19시간을 연구에 몰두했다니 놀라운 일입니다.

이런 저력의 배후에는 사건을 긍정적으로 해석하는 긍정의 마음이 자리 잡고 있습니다.

긍정의 마음으로 사건을 바라보면 불행에서도 감사를 찾을 수 있습니다.

긍정의 마음으로 당신에게 일어나는 사건을 바라보세요.

사건보다 중요한 것은 사건을 바라보는 마음입니다.

고난이 주는 선물

에디슨의 발명 성과는 정말 대단했습니다. 한때 미국 경제의 6분의 1이 에디슨의 발명품을 생산해내는 데 집중될 정도였으니까요. 그는 죽기 전날까지 연구를 하고 싶다는 말을 자주 했습니다. 실제로 죽기 사흘 전까지 연구실에서 열정을 바쳤습니다.
에디슨은 원래 청력이 좋지 못했습니다. 노년이 되어 귀가 거의 들리지 않게 되자 주위 사람들이 위로를 했습니다. "선생님, 귀가 들리지 않으니 얼마나 답답하십니까?" 그러면 에디슨은 이렇게 덤덤하게 말을 했다고 합니다. "세상의 시끄러운 소리를 듣지 않고 연구에 집중할 수 있어서 참 좋습니다."

우리 앞에 놓인 장애가 꼭 이런 신체적인 것이 아닐 수도 있습니다. 어려운 환경, 학력, 과거의 상처, 깨진 결혼생활, 거듭되는 실패 같은 것일 수도 있습니다.

이런 장애를 앞에 놓고 여러 가지 변명을 하고 싶을 수도 있습니다. 그러나 그렇게 말하는 순간 신체도, 환경도, 마음도, 인생도 모두 장애가 되어버린다는 것을 기억해야 합니다.

≪실락원≫이라는 명작을 쓴 존 밀턴은 사실 소경이었습니다. 과로로 43세에 실명을 하고, 소경이라는 장애를 안고 명작을 썼습니다. 밀턴은 "보지 못하는 것 때문에 불행한 것이 아니라 보지 못한다는 사실을 참을 수 없어 하는 마음 때문에 불행한 것"이라고 말했습니다.

장애란 없습니다.
다만 마음의 병이 있을 뿐입니다.

절망도 습관이다

어느 사업가가 갑자기 중병을 얻어 병원에 입원하게 되었습니다. 여러 차례 수술을 받으면서 병마와 싸우고 있었습니다. 그에게는 오직 목숨만이라도 건져야 하겠다는 일념뿐이었습니다. 목숨만 건질 수 있다면 다른 모든 것을 잃어도 감사하겠다고 생각했습니다. 오랫동안 치료를 한 결과 마침내 건강이 회복되었습니다. 그는 감사하는 마음으로 집으로 돌아왔습니다.

그런데 돌아와 보니 수십 년 동안 일궈놓은 사업이 엉망이 되어 있었습니다. 그가 병원에 있는 동안 사업을 돌보던 사람이 잘못하여 사업이 망하게 된 것입니다. 수십 년간의 수고와 땀이 물거품이 되어 버린 것을 보고 그는 절망에 빠지고 말았습니다.

목숨만 건질 수 있다면 모든 것을 잃어도 감사하겠다는 처음 마음은 사라지고 급기야 살아야 할까 죽어야 할까 고민하며 세월을 보내게

되었습니다.

그러던 어느 날 한 친구가 그를 찾아왔습니다. 친구는 목발을 짚고 있었습니다. 자동차 사고가 나서 다리를 자르게 되었다고 했습니다. 이런저런 이야기를 주고받다가 그는 친구에게 사업이 망했다며 원망 가득한 말을 쏟아내었습니다. 너무 절망적인 상황이라 살고 싶지 않다고 자신의 처지를 비관했습니다. 묵묵히 듣고 있던 친구가 조용히 입을 열어 원망과 불평이 가득한 친구에게 이렇게 말했습니다.

"자네보다는 내 조건이 더 불행한 것 같네. 만약 사업을 다시 일으킬 수 있다면 자네 두 다리를 내어놓겠는가? 자네는 나보다 더 조건이 좋으나 나보다 더 불행한 사람이 되어 있네. 나는 비록 의족을 하고 있지만 생명을 보전하게 된 것만으로도 감사하고 밝게 살아간다네."

친구의 말을 들으면서 그는 몹시 부끄러웠습니다. 두 팔도 두 다리도 온전하고, 건강도 회복되었는데 원망과 불평으로 시간을 보낸 것을 깊이 반성했습니다. 그는 용기를 내어 다시 사업을 시작하게 되었습니다.

상황이 나쁜 것보다 상황을 나쁘게 해석하는 습관이 진짜 문제라는 것을 아십니까?

오늘 당신이 불행하다고 느낀다면 그것은 불행하기로 마음먹었기 때문입니다. 불행을 연습하고 불행을 습관화했기 때문에 불행해져 버린 것입니다.

상황을 최악으로 해석하는 습관을 버리고 나면 오늘이 행복해집니다.

영혼을 울리는 인격이란

유명한 바이올린 연주자였던 아이작 스턴이 중국을 방문했을 때입니다. 전국에서 선발한 아이들을 모아서 만든 국립관현악단이 아이작 스턴 앞에서 연주를 하게 되었습니다. 그 많은 인구 중에서 뽑았으니 얼마나 연주를 잘했겠습니까. 10살 안팎의 아이들이 그 어려운 차이코프스키 곡들을 훌륭하게 연주해냈습니다.

연주가 다 끝나자 책임자가 아이작 스턴에게 연주를 들은 느낌이 어땠는지 물었습니다. 아이작 스턴은 연주를 들으면서 두 가지를 느꼈다고 대답했습니다.
"첫째는 어린 나이에 차이코프스키 곡을 이처럼 기교 있게 연주하는 것에 놀랐습니다. 둘째는 이토록 영혼이 없는 음악은 처음입니다."

음악뿐이 아닙니다. 세상 모든 일이 그렇습니다. 기교만 있다고 성공한 사람이라 부르지는 않습니다. 영혼을 울리는 인격이 있어야 합니다. 영혼을 울리는 인격은 고난을 통하지 않고는 얻을 수 없습니다.

고통을 모르는 사람은 다른 사람을 위로할 수가 없습니다.
절망을 모르는 사람은 다른 사람에게 용기를 줄 수가 없습니다.
눈물을 흘려보지 않은 사람은 고난에 빠진 자를 격려할 수 없습니다.
온실에서 자란 사람의 말은 아무에게도 감동을 주지 못합니다.

"가슴이 무너져 보지 않은 사람은 영혼을 울리는 연주를 할 수 없다."
보스턴 필하모니 오케스트라 지휘자였던 벤 젠더의 말입니다.

이 일에서는 실패해도 저 일에서는 성공할 수 있다

필립스 브룩스는 미국 보스턴에 있는 교회 목사로 수십 년 동안 성공적으로 목회를 한 분입니다. 교회 입구에는 드물게 브룩스 목사의 동상까지 세워놓았습니다. 교인들이 얼마나 존경을 했으면 동상을 세웠겠습니까? 그러나 이 사람이 처음부터 목회에 성공한 것은 아니었습니다.

젊은 날 필립스 브룩스는 학교 선생님을 꿈꾸었습니다. 그는 사범학교를 나와 교사가 되는 꿈을 이루었습니다. 그러나 교사생활은 절망스러웠습니다. 그가 강의를 시작하기만 하면 얼마 지나지 않아 학생들이 졸기 시작하는 것이었습니다. 열심히 강의를 준비해서 최선을 다해 가르쳐도 여전히 아이들은 지루해 했습니다. 그는 결국 학교 강단을 떠나기로 결심했습니다. 첫 번째 직업에서 처참한 실패를 경험한 것입니다.

후에 그는 신학교에 들어가서 공부를 하고 목사가 되었습니다. 목사 역시 교사처럼 말하는 직업인데, 목사로서 과연 성공할 수 있었을까요? 우려와는 달리 그의 재능은 그곳에서 빛을 발하기 시작했습니다. 브룩스의 설교를 들은 청중은 깊은 감동을 받았고, 시간이 지나자 그에 대한 소문이 온 미국 땅에 퍼졌습니다. 마침내 그는 역사상 가장 위대한 설교자로 손꼽히게 되었습니다.

세상에는 한 가지 일만 있는 것이 아닙니다. 수십억 사람이 존재하는 것처럼 수십만 가지 일이 있습니다. 한 가지 일에 실패했다고 해서 실패자라고 부르는 것은 터무니없는 일입니다. 단지 그 한 가지 일에만 실패했을 뿐입니다. 다른 일에서는 얼마든지 성공할 수 있습니다. 이 일에서는 실패했지만 다른 일에서는 성공한 사람들이 수없이 많다는 사실을 기억하십시오.

세상에는 사람도 많고 직업도 많습니다.
용기를 내어 다시 시작해 보세요.

실패와 대면하는 법

그의 아버지는 매우 가난한 구두 수리공이었습니다.
가난으로 인해 학교는 겨우 9개월밖에 다니지 못했습니다.
그가 9살이 되던 해 어머니가 세상을 떠났습니다.
스물두 살에 처음 사업을 시작했으나 보기 좋게 실패했습니다.
스물세 살에는 주 의회에 출마하여 낙선했습니다.
스물네 살에 또 사업에 손을 댔지만 실패하여 무려 17년 동안이나 빚을 갚아야 했습니다.
스물일곱 살에는 신경쇠약과 정신분열증에 시달렸습니다.
스물아홉 살에 의회 의장직에 도전했지만 낙선했습니다.
서른한 살에 대통령 선거위원에 도전했다가 낙선했습니다.
서른네 살에 국회의원에 출마했다가 낙선했습니다.
서른일곱 살에 국회의원에 당선됐으나 서른아홉 살에 또 낙선을 경

험했습니다.

마흔여섯 살에 상원의원으로 출마했다가 낙선했습니다.

마흔일곱 살에 부통령으로 출마했다가 또 낙선했습니다.

마흔아홉 살에 또다시 상원의원에 낙선했습니다.

드디어 쉰한 살에 대통령에 출마하여 미국 대통령에 당선되었습니다.

미국의 16대 대통령 에이브러햄 링컨의 이력입니다.

링컨을 연구하는 사람들은 링컨이 공식적인 실패만 27번 했다고 합니다.

하루아침에 이루어진 승리가 아닙니다.

다른 사람보다 많은 실패와 좌절이 있었습니다.

우리는 실패할 때마다 의기소침해집니다. 급기야 몇 번의 실패 후에는 꿈을 포기한 채 되는대로 하루하루를 삽니다. 그러나 링컨은 우리와는 다른 태도로 실패와 대면했습니다.

그는 실패할 때마다 꿈을 더 높게 가졌습니다.

좌절할 때마다 더 높은 꿈을 갖고 목표에 도전했습니다.

우리는 왜 링컨처럼 하지 못할까요?

우리도 실패할 때마다 꿈을 더 높게 가져보면 어떨까요?

철새가 먹이를 두고도 떠나는 이유

겨울이 다가오는 어느 날 따뜻한 남쪽으로 날아가던 철새들이 옥수수밭을 발견하고 그곳에 내려앉아 옥수수를 쪼아 먹고 있었습니다. 모두 배불리 먹고 나서는 다시 날아올라 남쪽으로 향해 갔습니다. 그런데 그 가운데 한 마리만은 다시 떠나려고 하지 않았습니다.

'이렇게 먹을 것이 많은데 왜 그냥 두고 힘들게 남쪽으로 날아가야 돼? 참 바보 같은 친구들이군!'

그 철새는 이렇게 생각하며 옥수수밭에 계속 머물러 있었습니다. 철새는 동료들이 모두 떠난 들판에서 혼자 먹이를 먹으며 한가한 시간을 보냈습니다. 동료들이 괜스레 고생을 한다고 생각했습니다. 이 좋은 자리를 두고 구태여 멀리 가려고 하는 새들이 미련하게 생각되었습니다. 자기에게는 현실을 즐길 줄 아는 지혜가 있다고 생각했습니다. 이 자리에 계속 머물러 있으면 얼마든지 양식 걱정을 하지 않아도 될 것 같았습니다.

그렇게 먹이에 취해서 며칠을 보내고 있는 동안 겨울은 가까이 오고 기온이 조금씩 떨어졌습니다. 그래도 그 많은 먹이를 포기하고 싶지 않았던 철새는 계속 남아서 먹이를 배불리 먹었습니다. 아직까지 먹이는 충분했습니다. 겨울이 점점 다가왔습니다. 찬바람이 몰아쳐도 부른 배에 만족하며 웅크리고 잠을 청했습니다.

그러던 어느 날 찬바람이 몹시 불고 밤에 눈보라가 휘날렸습니다. 아침이 되어 보니 철새는 웅크린 채 얼어 죽어 있었습니다.

오늘 변화하지 않으면 내일은 낙오자가 됩니다.

몸이 바쁘면
고민이 찾아들지 못한다

뉴욕에 사는 아글라스 씨는 다섯 살 난 귀여운 딸을 잃었습니다. 견딜 수 없는 고통이었지만 곧 딸을 다시 얻었습니다. 그러나 그 아이마저 생후 닷새 만에 죽어버렸습니다. 너무나도 견디기 어려운 고통이었습니다.

"일이 전혀 손에 잡히지 않았습니다. 잠을 잘 수도 없고, 음식을 먹을 수도 없고, 마음의 안정을 찾을 수도 없었습니다. 완전히 의지를 상실했고 매사에 자신을 잃고 말았습니다. 그래서 결국 의사를 찾아갔습니다. 어느 의사는 수면제를 주었고 또 어떤 이는 여행을 권했습니다. 두 가지를 다 해보았지만 효과가 없었습니다. 내 몸뚱이에 커다란 집게가 잔뜩 물려 양쪽 턱이 점점 죄어드는 것 같았습니다.

깊은 슬픔에 빠진 적이 있는 사람이라면 이런 심정을 이해할 수 있을 겁니다."

"그래도 감사한 것은 네 살 난 아들 하나가 있다는 사실입니다. 이 녀석이 결국 내 문제를 해결해주었습니다. 어느 날 오후, 넋을 잃고 앉아 있는데 아들 녀석이 곁에 와서는 보트를 만들어달라고 졸라댔습니다. 당시 나는 세상만사가 귀찮았습니다. 손 하나 꼼짝거리기도 싫었습니다. 아들놈은 고집불통이었습니다. 결국 내가 졌지요. 장난감 보트를 만드는 데 무려 세 시간이나 걸렸습니다. 놀라운 것은 장난감을 만드는 시간 동안 참으로 오랜만에 정신적인 휴식과 평화를 맛보았다는 겁니다."

"그 일이 있은 뒤로 무엇이든 일에 전념하는 동안은 고민하고 있을 수가 없다는 것을 알게 되었습니다. 내 경우에는 보트를 만드는 일이 괴로움을 잊게 해준 것입니다. 나는 바쁘게 살기로 결심했습니다. 저녁마다 온 집안을 돌아보면서 해야 할 일의 목록을 만들었습니다. 책장, 계단, 덧문, 들창, 차양, 손잡이, 자물쇠 등등 수리해야 될 것이 얼마든지 있었습니다. 그 결과 2주 동안에 손대야 할 일감을 242건이나 찾아냈습니다. 어쨌든 최근 2년 동안에 나는 그 일들을 거의 해치웠습니다. 그리고 다양한 사회활동에도 참여하고 있습니다. 그러다 보니 너무 바빠서 걱정하며 앉아 있을 시간이 없습니다."

고민이 습관이 된 사람은 아마 아무 일도 하지 않은 채 서성거리거나 가만히 앉아 있는 것이 습관이 된 사람인지도 모릅니다.
지금 고민하고 있다면 제일 먼저 한가한 시간을 없애도록 하십시오.
고민은 참새와 같습니다. 참새는 흔들리는 줄에는 편안히 앉아 있지 못합니다. 몸을 바쁘게 움직이는 사람에게는 고민이 절대 내려앉지 못합니다.

"나는 너무도 바쁘다. 나에게는 고민할 시간이 없다."
윈스턴 처칠이 한 말입니다.

3

사람 사이 사귐의 지혜

남 잘되기를 바라면
나도 잘된다

'욕심'과 '질투'라는 이름을 가진 두 사람이 길을 가고 있었습니다. 한참 길을 가는데 천사가 사람의 모습으로 내려왔습니다. 세 사람은 서로 이야기를 나누며 동행하다가 이제 헤어질 시간이 되었습니다. 그때 천사가 두 사람에게 소원을 한 가지씩 들어줄 테니 말하라고 했습니다. 그러고는 이렇게 덧붙였습니다.

"나중에 소원을 말한 사람에게는 먼저 말한 사람보다 두 배 더 들어주겠습니다."

두 사람은 고민에 빠졌습니다.

'내가 먼저 말하면 저 녀석이 나보다 두 배나 더 받는단 말이지.'

서로 이렇게 생각하고는 입을 다문 채 소원을 말하지 않고 있었습니다. '욕심'은 '질투'가 두 배나 받는 것을 못 봐주겠고, '질투'는 '욕심'이 두 배나 받는 것을 견딜 수가 없었습니다. 서로가 남 잘되는 것은 용납할 수 없다고 생각하고 입을 굳게 다물고 있는데 천사가 다시 재촉했습니다.

"이제 더 이상 동행할 수 없습니다. 빨리 소원을 말하세요."

욕심이 급해져서 질투의 멱살을 잡고 협박했습니다.

"빨리 말해. 말 안 하면 죽여버리겠어!"

힘으로 욕심을 이길 수 없었던 질투는 급기야 먼저 입을 열 수밖에 없었습니다. 그래도 욕심이 잘되는 꼴을 볼 수가 없어서 이렇게 말했습니다.

"천사님, 저는 눈이 두 개까지 필요 없습니다. 제 한 눈을 빼버리십시오."

질투는 애꾸눈이 되었습니다.

욕심은 어떻게 되었을까요?

눈 두 개가 다 뽑힌 장님이 되고 말았습니다.

욕심과 질투로는 원하는 것을 얻을 수 없습니다.

동병상련의 기쁨

어떤 집에 강도가 들었습니다.

강도는 권총으로 주인을 겨누며 협박했습니다.

"손들어!"

강도가 소리를 지르자 주인은 한 손만 번쩍 들었습니다.

"두 손 다 들란 말이야!"

강도가 다시 소리쳤습니다.

그러자 주인이 대답했습니다.

"한쪽 팔은 신경통이 심해서 들 수가 없습니다."

그러자 강도가 갑자기 태도를 누그러뜨리며 말했습니다.

"그래요? 나도 신경통이 있어서 고민입니다."

그러고는 자기 사정을 이야기하기 시작했습니다.

"신경통으로 몸이 불편해서 직장에서 쫓겨났어요. 그래서 실직자로

지내다가 급한 김에 그만 잘못 생각을 하고 오늘 강도질을 하러 나섰죠."

"신경통으로 얼마나 고생이 심하세요?"

주인의 위로에 강도는 자기의 아픔을 이야기하기 시작했습니다.

이렇게 동병상련을 느끼며 서로 위로하다보니 마음이 열려 두 사람이 어느 결에 친구가 되었다고 합니다.

피스 메이커는 공통점을 찾지만 트러블 메이커는 항상 다른 점을 찾습니다.

친구가 되고 싶다면 차이보다는 공통점을 발견하는 데 익숙해져야 합니다.

이런 자세를 갖고 있다면 누구와도 친구가 될 수 있지 않을까요?

칭찬 한마디의 값어치

찰스 슈와브는 앤드류 카네기 철강회사에 말단 잡부로 취직해서 후에 미국 실업계 최초로 연봉 1백만 달러를 받는 사람이 되었습니다. 그 당시는 일주일에 50달러면 높은 보수를 받는 편에 속했는데 슈와브는 주당 2만 달러를 받은 것입니다. 슈와브는 38세에 새로 설립된 US철강회사의 사장이 되었습니다. 그는 나중에 베들레헴 철강회사를 인수 합병함으로써, US철강회사를 미국에서 가장 수익률이 높은 회사로 만들었습니다.

찰스 슈와브가 연봉을 1백만 달러나 받을 수 있었던 비결은 무엇이었을까요?
슈와브가 천재였기 때문일까요?
똑똑한 천재들은 주위에 얼마든지 있었습니다.

슈와브가 경제 전문가였기 때문일까요?

슈와브는 십여 년 전 카네기 회사에 잡부로 취직을 한 사람이었습니다.

슈와브가 강철에 대해 누구보다 많은 지식이 있었기 때문일까요?

강철에 대해 그보다 많이 아는 사람은 회사 안에만 해도 수천 명은 넘었을 겁니다.

그러면 슈와브의 성공 비결은 어디에 있었을까요?

슈와브의 말을 들어보면 비결을 알 수 있습니다.

'나에게는 사람들의 열정을 일깨우는 능력이 있는 것 같습니다. 이것은 내가 소유하고 있는 가장 큰 재산입니다. 사람들의 열정을 불러일으키는 가장 좋은 방법은 격려와 칭찬입니다."

"상사에게 꾸지람을 듣는 것만큼 인간의 향상심을 해치는 것은 없습니다. 나는 결코 누구도 비판하지 않습니다. 대신 사람들에게 동기를 부여해야 한다고 믿고 있습니다. 따라서 나는 칭찬하려고 노력하고, 결점을 들추어내는 것은 싫어합니다. 또 그 사람이 한 일이 마음에 들면 진심으로 찬사를 보내고 아낌없이 칭찬합니다."

"사업 관계로 세계 각국의 훌륭한 사람들을 많이 만났는데 아무리 훌륭하고 지위가 높은 사람일지라도 잔소리를 들으면서 일하면 효과가 떨어진다는 것을 알았습니다. 칭찬을 들으면서 일할 때 훨씬 더 일을 잘하고 더 많은 노력을 기울인다는 것을 발견했습니다."

슈와브는 이 말을 정확히 실행했습니다.

미소는 당신이 가진 최고의 능력

뉴욕에 사는 평범한 직장인 윌리엄 스타인하트는 미소의 힘을 경험했습니다.

그는 증권중개인으로 일하고 있었습니다. 결혼한 지 18년 된 중년의 남자로, 아침에 일어나서 출근할 때까지 아내를 보고 한번도 미소를 짓지 않는 그런 사람이었습니다.

그는 스스로를 "나는 브로드웨이로 출근하는 사람들 중에서 가장 무뚝뚝한 사람이었습니다."라고 말했습니다.

그러던 중 미소의 힘에 대해서 강연을 들을 기회가 생겼습니다. 그는 그 강연에서 많은 것을 느끼고 자기도 한번 미소를 지어봐야겠다고 다짐했습니다.

'그래, 일주일 동안만 실험해보자.'

그는 다음날 아침 머리를 빗으면서 거울 속에 보이는 무뚝뚝한 얼굴을 보며 말을 걸었습니다.

"이봐, 오늘부터는 제발 그 무뚝뚝한 얼굴을 집어치우라고. 이제부터는 웃는 거야. 오늘부터는 미소를 지으면서 생활할 거란 말이야. 알았지, 빌!"

그는 이렇게 다짐하고 식탁으로 갔습니다. 식탁에 앉으면서 아내에게 "여보, 잘 잤소?"라며 미소를 지어 보였습니다.

아내는 전혀 새로운 남편의 모습에 당황하여 어쩔 줄 몰라했습니다. 결혼 20년이 다 되어 가는 동안 한번도 본 적이 없는 행동을 하니 놀랄 만도 했지요. 그는 아내에게 앞으로 매일 아침 이렇게 하겠다고 다짐하듯 말하며 미소를 지었습니다. 그날 이후 집안 분위기가 훨씬 부드러워졌습니다.

그는 미소의 힘에 대해서 이렇게 말했습니다.

"이 방법을 시도한 지 두 달 만에 우리 가정은 몰라보게 달라졌습니다. 요사이 우리 가족이 느낀 행복은 지난 한 해 동안 느꼈던 행복을 모두 합친 것보다 훨씬 컸습니다."

"사무실로 출근할 때 아파트 수위에게도 미소를 보냅니다. 지하철 매표원에게 잔돈을 받을 때도 미소를 짓습니다. 사무실에서도 누군가와 눈이 마주치면 미소를 짓습니다."

"내가 미소 지으면 사람들도 다시 나에게 미소를 보낸다는 사실을 알게 되었습니다. 불평이나 애로사항을 들고 나를 찾아오는 사람들을 아주 명랑한 태도로 대합니다. 사람들의 말을 미소 지으며 들어주다 보면 문제 해결도 쉬워진다는 것을 느꼈습니다. 미소는 나에게 날마다 돈을 많이 벌 수 있도록 해줍니다."

"나는 이제 비난하지 않기로 했습니다. 대신 칭찬과 감사의 말을 합니다. 내가 원하는 것은 말하지 않고 다른 사람의 입장에서 사물을 보려고 애씁니다. 그렇게 하니까 문자 그대로 혁명적 변화가 일어났습니다. 나는 이제 전혀 다른 사람이 되었습니다. 더 부유하고 더 행복합니다. 나는 미소 덕분에 성공뿐 아니라 행복도 얻게 되었습니다."

당신의 얼굴에 미소를 듬뿍 머금고 사람을 대하십시오. 당신과 만나는 사람들이 당신에게서 에너지를 얻을 수 있도록 하십시오. 당신에게서 활력을 얻기 시작하면 사람들은 당신과 함께 있기를 좋아할 것입니다.

당신이 고객이라면 무뚝뚝한 직원을 찾겠습니까, 얼굴에 미소를 머금은 친절한 직원을 찾겠습니까?

옳고 그름보다
더 중요한 것

어느 날 밤 데일 카네기는 한 파티에 참석하게 되었습니다. 낯선 사람들과 둘러앉아 식사를 하는 중 옆에 앉아 있던 사람이 "인간이 아무리 일을 하려고 해도 최종적인 결정은 신이 내린다."라는 말을 하며 이 구절이 성경에 나온다고 말했습니다. 그러나 그것은 사실이 아니었습니다. 그것은 셰익스피어 작품에 나오는 말이었습니다.

데일 카네기는 즉시 반론을 제기했습니다. 그 사람은 자기주장을 굽히지 않았습니다.

"뭐라고요? 셰익스피어 작품에 나오는 말이라고요? 말도 안 되는 소리! 그 말은 분명 성경에 나오는 말입니다!"

두 사람은 한 치의 양보도 없이 자기주장을 펴고 있었습니다. 마침

카네기 옆자리에는 오랫동안 셰익스피어를 연구한 카네기의 친구가 앉아 있었습니다. 그래서 그에게 물어보기로 했습니다. 그때 친구는 식탁 아래로 손을 넣어 카네기를 툭 치면서 말했습니다.

"데일, 자네가 틀렸네. 저 신사 분의 말씀이 맞아. 그 말은 성경에 있는 말일세!"

카네기는 견딜 수가 없었습니다. 집에 돌아가는 길에 친구에게 다그쳐 물었습니다.

"자네는 그 인용문이 셰익스피어 작품에 나오는 말이란 것을 알고 있지 않은가?"

"물론 알지. 햄릿 5막 2장이지. 하지만 우리는 그 즐거운 모임의 손님이잖아. 왜 그 사람이 틀렸다는 것을 증명하려고 하나? 그렇게 하면 그가 자네를 좋아하게 되나? 왜 그 사람 체면을 세워주지 않는 거지? 그가 자네의 의견을 물었나? 왜 그 사람과 논쟁하며 좋은 시간을 망치려고 하나?"

옳고 그름보다 더 중요한 것이 있습니다.
상대방의 명예를 높여주는 것이야말로 가장 옳은 일입니다.
상대방의 자존심을 상하게 하고, 그 일로 상대방의 명예까지 실추시켰다면 비록 논쟁에서 이겼다고 해도 당신은 패배자일 뿐입니다.

논쟁에서 이겼지만 그 일로 적을 만든다면 손해 보는 거래가 아닙니까?

내가 옳으면 어떻고 상대방이 옳으면 어떻습니까?

옳고 그름보다 더 중요한 것은 상대방의 인격을 존중해주는 것입니다.

부부간의 불화를 해결하는 최고의 대화법

하루는 현자에게 가정 문제로 마음고생이 많은 여인이 찾아와서 하소연을 했습니다. 가정불화로 마음이 아프다고, 남편과 다툼이 너무 많다고, 어떻게 하면 좋겠냐고 물었습니다. 이야기를 다 듣고 난 현자는 여인에게 물을 한 병 주면서 말했습니다.

"이 병에 든 물은 우리 수도원 우물에서 퍼낸 특별한 효능이 있는 물입니다. 집에 두었다가 남편이 싸우려고 덤비거든 입에 그 물을 한 모금 무세요. 뱉지도 말고 넘기지도 말고 그냥 물고 있으세요. 남편 말이 끝날 때까지 꼭 물고 있어야 합니다. 싸움이 있을 때마다 그렇게 하십시오. 큰 효능이 있을 겁니다."

여인은 현자가 시키는 대로 남편과 싸움이 일어나려고 할 때마다 물을 입에 물고 남편 말이 끝날 때까지 뱉지도 삼키지도 않고 있었습니다. 몇 번을 반복하자 마침내 집안이 조용해지기 시작했습니다. 여인은 그 신비로운 물에 감동하여 현자를 찾아가서 그 물은 성수라고 감탄을 했습니다.

여인의 말을 들은 현자는 조용히 말을 이었습니다.
"내가 당신에게 준 물이 신비로운 게 아닙니다. 당신이 물을 입에 물고 있는 동안 침묵이 신비로운 능력을 발휘한 겁니다. 침묵을 배우세요. 좀 더 조용히 있는 법을 배우세요. 침묵이야말로 평화를 이루는 가장 놀라운 능력입니다."

우리는 사소한 일에 분노한다

　청바지 차림을 한 신사가 은행 출입문을 열고 들어섰습니다. 그는 새로운 사업을 구상하고, 은행 측과 투자에 대해 의논하려고 찾아온 사업가였습니다. 그런데 담당자가 없어서 만나지 못했습니다. 꼭 만나고 가야겠다 싶어 한 시간을 기다렸으나 여전히 담당자가 오지 않자 내일 만나야겠다고 생각하고 은행 문을 나섰습니다. 잠시 후 신사는 다시 돌아와 은행 직원에게 주차권 도장을 찍어달라고 부탁했습니다. 그런데 직원은 단호하게, 일언지하에 거절을 했습니다.

"선생님은 여기서 저축을 하거나 인출하신 일이 없습니다. 그러므로 은행 방침에 따라서 도장을 찍어줄 수 없습니다."

청바지 신사는 마음이 몹시 상해서 은행 문을 나섰습니다. 그는 다음

날 이른 아침 그 은행에 예금해 놓았던 수백만 달러를 모조리 찾아 다른 은행으로 가져가버렸습니다.
IBM 회장이었던 존 에이커스의 일화입니다.

"그 정도 가지고 뭘 그렇게까지?"
우리는 종종 이렇게 말합니다.
그러나 당신도 그 정도 불친절에 속상한 적이 많지 않습니까?

작은 불친절에도 마음 상하는 것이 약한 인간의 마음입니다.

사람들에게 섭섭할 때

한 시골 청년이 일자리를 찾아 고향을 떠나 런던으로 가게 되었습니다. 대도시에서 일도 하고 공부도 하겠다는 푸른 꿈에 부풀어 있었습니다. 이윽고 집을 떠날 시간이 되자 아버지는 아들을 불러 전신거울이 있는 방으로 데리고 갔습니다. 아버지는 거울 앞에 아들을 세우고는 이렇게 말했습니다.

"이 거울을 향하여 주먹을 불끈 쥐고 화난 얼굴을 해보아라."

아들은 그대로 했습니다.

거울 속에는 화가 나 주먹을 불끈 쥐고 있는 청년이 있었습니다.

"이번에는 손을 내밀고 웃으면서 인사를 해보아라."

거울 속에는 활짝 웃으며 손을 내미는 청년이 있었습니다.

아버지의 가르침이 이어졌습니다.

"언제나 거울을 보듯 세상을 살아라. 네가 남에게 친절을 베풀면 남도 너를 친절하게 대할 것이고, 네가 남을 악하게 대하면 상대방도 반드시 너를 악하게 대할 것이다."

아버지는 이어 아들에게 한마디를 더했습니다.

"네가 앞뒤를 미처 생각하지 못하고 어떤 행동을 했을 때는 상대방의 행동을 통하여 네 자신의 모습을 보아라. 남이 네게 불친절하거든 '아, 나도 모르는 사이에 언젠가 내가 불친절했었구나.' 하고 생각하고, 남에게 섭섭한 말을 듣거든 '나도 모르는 사이에 내가 섭섭한 말을 했었구나.' 하고 생각해라."

이 당연한 진리를 믿지 않기 때문에 사람들은 억울함을 호소합니다. 자기에게 오는 불행을 남의 탓으로만 돌리기 때문입니다. 내가 그 원인을 제공했을 것이라고는 생각하지 않습니다.

자연에만 인과율이 있다고 생각하지 마세요. 인생에도 철저하게 인과율이 적용되고 있습니다.

제임스 알렌은 《생각하는 대로》라는 책에서 '오늘의 환경은 어제의 산물'이라고 했습니다. 내가 어제 생각한 것, 내가 어제 행동한 것이 오늘의 열매로 나타난 것입니다. 심은 대로 거둔다는 것은 만고불변의 진리입니다.

실수했을 때 제일 먼저 해야 할 일

남북전쟁이 한창일 때 일화입니다.

작전 문제로 대통령과 참모총장 사이에 의견 대립이 생겼습니다. 서로가 자기 작전이 낫다고 주장하며 한 치의 양보도 하려고 하지 않았습니다. 그러던 중 링컨이 자기 뜻대로 작전을 강행해버렸습니다. 하지만 안타깝게도 작전이 실패로 돌아갔습니다. 작전은 크게 실패하고, 많은 사람들이 희생을 당했습니다. 참모총장은 화가 잔뜩 났습니다. 링컨은 비서를 시켜서 화가 난 참모총장에게 짧은 메모를 보냈습니다. 그 쪽지에는 "I am sorry."라고 씌어 있었습니다.

참모총장은 그 메모를 받아 보고는 "멍청한 녀석!"이라고 욕을 했습니다.

비서가 돌아오자 링컨이 물었습니다.

"그래, 참모총장이 뭐라고 말하던가?"

비서는 주저주저하다가 거짓말을 할 수 없어 사실대로 말했습니다.

"멍청한 녀석이라고 했습니다."

그 말을 들은 링컨은 화를 내기는커녕 한바탕 껄껄껄 웃더니 이렇게 말했습니다.

"그 사람, 사람 하나는 잘 봤네!"

이 사람이 링컨입니다. 링컨이란 사람의 인간됨이 이렇게 컸다는 말입니다.

"미안합니다."라고 말하는 사람은 거물입니다. 마음이 아주 크지 않으면 미안하다고 말할 수 없습니다. 책임을 다른 사람에게 전가시키는 사람은 소인배입니다. 소인배는 절대로 "I am sorry."라고 말하지 못합니다.

"미안합니다."라고 말하면 스스로가 낮아지는 것처럼 느낀다면 그 마음부터 치료해야 합니다. 기꺼이 "미안합니다."라고 말할 수 있을 때까지 그릇을 키워야 합니다.

방법은 간단합니다.

실수를 할 때마다 기꺼이 "미안합니다."라고 말해 습관이 되게 하는 것입니다.

잘난 척하고 싶을 때
기억해야 할 것

《뿌리》의 작가 알렉스 헤일리의 사무실에는 담장 위에 올라가 있는 거북 사진이 한 장 걸려 있었다고 합니다. 한번은 친구가 와서 "왜 이 사진을 사무실에 걸어 놓았는가?" 하고 물었더니 그의 대답이 이랬습니다.

"가끔 내가 굉장하구나 하고 느껴질 때 담장 위에 있는 거북 사진을 보면 겸손해진다네. 거북은 누군가의 도움을 받지 않으면 담장에 올라갈 수 없거든."

사람은 겸손의 크기만큼 성장합니다. 마음이 교만해지는 순간이 성장이 멈추는 순간입니다. 과장이던 사람이 차장이 되어 교만해진다면 그 자리가 성장의 무덤입니다. 300만 원 벌 때 겸손하던 사람이

400만 원 벌면서 교만해진다면 그 사람의 성장은 거기까지입니다. 오랫동안 성장을 멈추지 않는 사람의 특징은 언제나 겸손함을 잃지 않는다는 데 있습니다.

어떻게 겸손함을 항상 유지할 수 있을까요?
자기가 부족하다고 생각하는 겁니다. 부족한 사람은 작은 성공에 교만해지지 않습니다. 부족한 사람은 더 높은 성장을 위해 신발끈을 바짝 조이고 항상 자기 마음을 다스립니다.

누군가가 말했습니다.
성공의 가장 큰 장애물은 실패가 아니라 앞서 이룬 작은 성공이라고.

4

선택이
나를 만든다

내가 가진 것을
종이에 적어보니

어느 날 50대 초반의 남자가 《적극적 사고방식》으로 유명한 노만 빈센트 필 박사를 찾아왔습니다.
그는 몹시 지치고 절망적인 목소리로 자기 형편을 이야기했습니다.
"박사님, 모든 것이 끝나버렸습니다. 평생의 노력이 물거품이 되고 말았습니다."
박사는 이렇게 되물었습니다.
"모든 것이라고 했습니까? 정말 모든 것이 사라졌습니까?"
"그렇습니다. 모든 것이 사라져버렸습니다."
그 남자는 '모든 것'이라는 말을 강조하면서 계속 말했습니다.
"이제 나에게 남은 것은 아무것도 없습니다. 모든 것이 물거품처럼 사라지고 말았습니다. 이제 나이가 너무 많아 재기불능입니다. 희망도 없고, 뭔가를 할 수 있을 것이라는 믿음도 없습니다."

"정말 그렇게 생각하십니까?"

박사는 확인하듯 재차 물었습니다.

"네, 저에게는 희망이라고는 털끝만큼도 없습니다. 모든 것을 잃어버리고 말았으니까요."

필 박사는 책상에서 종이를 한 장 가지고 오더니 그 남자에게 건네며 이렇게 말했습니다.

"이 종이에 선생님에게 아직 남아 있는 것들을 찾아서 적어봅시다."

그 남자는 길게 한숨을 쉬고는 말했습니다.

"조금 전에 말했듯이 제게 남은 것이라곤 아무것도 없습니다."

"그렇지만 한번 찾아봅시다. 분명히 있을 겁니다. 선생님은 부인이 계십니까?"

"네, 정말로 좋은 여자입니다. 결혼한 지 30년이 다 되었는데 한번도 나를 떠난 적이 없습니다."

"좋습니다. 그것을 종이에 적으십시오. 자녀는 몇이나 됩니까?"

"셋입니다. 아주 귀여운 녀석들입니다. 아이들은 나를 사랑하고 있고 여전히 내 편입니다."

"그것도 적으십시오. 친구가 있습니까?"

"몇 명 있습니다. 참 좋은 친구들입니다."

"좋습니다. 적으십시오. 크게 잘못을 저지른 적이 있습니까?"

"없습니다. 저는 언제나 양심을 지키려고 노력했습니다."

"그래요? 그것도 적으십시오. 건강은 어떻습니까?"

"자랑할 만합니다. 앓아눕거나 병원에 간 적이 없습니다."

"그것도 적으십시오."

"종교를 가지고 있습니까?"

"네, 종교를 가지고 있습니다."

"좋습니다. 이제 적은 것들을 큰 소리로 한번 읽어 보십시오."

남자는 자기가 적은 내용을 주저주저하며 읽기 시작했습니다.

나에게는 사랑하는 아내가 있다.

언제나 내 편인 아이들이 있다.

우정이 돈독한 친구들이 있다.

깨끗하고 떳떳한 양심이 있다.

자랑할 만한 건강이 있다.

신앙을 가지고 있다.

남자가 읽기를 마치자 필 박사는 큰 소리로 외쳤습니다.

"아니, 여기 들어올 때는 아무것도 가진 것이 없다고 했잖소? 그런데 지금 읽은 것은 무엇입니까?"

남자는 부끄러운 듯 미소를 지으면서 말했습니다.

"미처 몰랐습니다. 이렇게 적어보니 내가 가진 것이 꽤 많군요. 이 정도면 새출발할 수 있을 것 같습니다."

말이 인생을 바꾸는 과정

한 사람이 제사를 드리기 위해 신성한 산양 한 마리를 어깨에 메고 제단을 향해 가고 있었습니다. 이 모습을 본 세 사람이 어떻게든 산양을 빼앗아야겠다고 마음먹고는 꾀를 생각해냈습니다. 우선 한 사람이 앞에 다가가서 이렇게 말을 걸었습니다.

"성자여! 제물로는 양을 바쳐야지 어떻게 이 더러운 개를 제물로 드리려 하십니까?"

그는 이 말을 듣고는 펄쩍 뛰었습니다.

"지금 무슨 소리를 하는 겁니까? 이건 깨끗한 산양이란 말입니다."

그렇게 대답을 하고 길을 가는데 또 한 사람이 다가와서 물었습니다.

"지금 더러운 개를 제물로 바치려고 하십니까? 깨끗한 양을 제물로 드려야지 더러운 개를 제물로 드리는 것은 신을 모독하는 행위입니다."

이 사람이 다시 정색을 하고 산양을 내려놓고 말했습니다.
"보십시오. 이것은 개가 아니라 산양이오."
조금 더 걸어가자니 또 한 사람이 다가와서 역시 같은 말을 했습니다.
"성자여! 정결한 양을 제물로 바쳐야지 어째서 더러운 개를 바치려 합니까?"
 세 번째로 똑같은 말을 듣고 보니 이 사람의 눈에 산양이 정말 개로 보이는 것이었습니다. 처음 데리고 올 때는 분명 산양이었는데 이제는 개로 보였습니다. 그래서 그는 산양을 내버리고 집으로 돌아갔다고 합니다.

좋은 말, 사랑스러운 말, 격려하는 말, 긍정적인 말, 희망의 말을 들으십시오.
들을 기회가 없으면 스스로에게 말하십시오.

매일 자신에게 좋은 말을 하면 자기도 모르는 사이에 자신감이 생기고 생활에 활기가 넘칩니다.

다른 사람에게도 좋은 말을 많이 하십시오.
말이란 다른 사람에게 전달되기 전에 뇌를 통해서 자기에게 먼저 전달되기 때문입니다.
다른 사람에게 좋은 말을 하고 있는 동안 그 말이 당신 뇌를 통해 당신을 격려하게 됩니다.

오늘 배우자에게 이렇게 말해보세요.
"당신은 참 좋은 사람이야. 당신을 만난 건 행운이야."
아이들에게도 말해보세요.
"너희들이 자랑스럽구나. 너희들 때문에 참으로 행복하단다."
직장 동료들에게도 말해보세요.
"당신과 함께 일하게 되어서 마음이 든든합니다."
당신 스스로에게 말해보세요.
"내 앞에는 언제나 좋은 일이 기다리고 있다. 나는 참 행복한 사람이다."
언젠가 그렇게 변해 있는 당신 모습을 발견하고 놀라게 될 것입니다.

평범한 오늘이 바로 행복이다

프린스턴 대학의 총장을 지낸 워터폰 박사가 교회에 갔는데 한 사람이 다가오더니 인사를 했습니다.
"박사님, 정말 감사할 일이 있었습니다."
"무슨 일입니까?"
"박사님, 저는 여기서 한 십리 밖에 있는 마을에 살고 있습니다. 그래서 교회에 올 때면 꼭 마차를 타고 오는데, 오늘 아침 교회에 오는 길에 언덕을 내려오다가 말이 무슨 소리에 놀라서 펄쩍 뛰는 바람에 마차가 몇 바퀴 뒹굴었습니다. 이젠 죽었구나 생각했는데 일어나 보니 아무 데도 상한 데가 없었습니다. 그러니 감사할 일이 아닙니까?"
이 말에 박사는 조용히 대답했습니다.

"그렇다면 내가 더 감사를 해야 하겠군요. 나는 그 언덕을 수천 번이나 오르락내리락했는데도 아무런 사고 없이 오늘까지 무사하니 말입니다."

당신에게 아직까지 아무런 일이 일어나고 있지 않다면 조용히 무릎을 꿇고 감사의 기도를 드려보는 것이 어떨까요?
불행한 사건이 터지고 나면 평범하고 지루하게 느꼈던 날들이 행복의 시간이었다는 것을 깨달을 테니 말입니다.

지금 하는 일이 지겨울 때

  17세기 런던에 대화재가 있은 뒤, 화재로 불타버린 세인트 폴 대성당을 재건축할 때의 일입니다. 설계를 맡았던 크리스토퍼 렌이 하루는 채석장을 찾아가서 돌을 다듬고 있는 석공들을 만났습니다. 토닥토닥 돌을 쪼개고 있는 한 사람에게 물었습니다.

"지금 무엇을 하고 있습니까?"

그러자 그 사람은 짜증난다는 듯 몹시 퉁명스럽게 대답했습니다.

"보면 모르오? 돌을 다듬고 있지 않소!"

렌이 또 한 사람에게 질문을 했습니다.

"지금 무엇을 하고 있습니까?"

"보면 모릅니까? 목구멍이 포도청이라 벌어먹고 사느라고 이 고생을 합니다."

렌은 다시 옆에 있는 사람에게 물었습니다.

105

"당신은 지금 무엇을 하고 있습니까?"

"저요? 하나님의 성전을 짓고 있습니다. 저는 사실 죄를 짓고 감옥에 있을 때 거기서 돌 다듬는 기술을 배웠습니다. 그러나 지금은 감옥에서 나와 자유로운 몸으로 하나님의 성전을 짓기 위하여 돌을 다듬고 있으니 얼마나 고마운지 모르겠습니다."

똑같은 일을 하는데도 이렇게 마음이 달랐습니다.

감사하는 마음이 없다면 직장을 바꾸든지 마음을 바꾸든지 선택해야 합니다.

일을 바꾸지 못한다면 마음을 바꾸어야 합니다. 일을 바꾸는 것이 불가능하다면, 일에 대한 마음을 바꾸는 수밖에 없습니다.

당신이 하는 일의 장점을 발견하고, 유익한 결과에 대해서 생각해보세요. 그리고 매일 아침 "오늘도 직장이 있어서 감사합니다."라고 말하며 일터로 출근하십시오.

지진아를 최고의 의사로 만든 한마디

◎◎— 미국 존스 홉킨스 대학병원의 벤 카슨 박사는 '신의 손' 이라는 별명을 가지고 있었습니다. 박사가 이런 별명을 얻은 데는 특별한 이유가 있습니다.

첫째, 하루 120번씩 발작하는 4살짜리 악성 뇌종양 환자를 수술해서 완치시켰습니다. 모든 의사들이 포기한 환자였습니다.

둘째, 1987년 세계 최초로 머리와 몸이 붙은 샴쌍둥이를 분리하는 데 성공했습니다.

이 두 수술의 성공으로 그는 의학계에서 신의 손으로 불리게 되었습니다.

그러나 그의 어린 시절은 사정이 전혀 달랐습니다. 그는 디트로이트 시의 빈민가에서 태어났습니다. 여덟 살 때 부모님이 이혼해 불행한 가정에서 자랐으며, 소년기에는 불량배들과 어울리며 싸움질을 일삼는 장래가 어두운 아이였습니다. 그는 피부가 검다는 이유로 백인 친구들에게 따돌림을 당했고, 초등학교 때는 항상 꼴찌를 도맡아 하는 지진아였습니다. 초등학교 5학년 때까지 구구단을 암기하지 못했고, 수학 시험을 한 문제도 맞추지 못해 친구들에게 놀림을 당하기 일쑤였습니다. 어느 모로 보나 벤은 가능성이 없는 아이였습니다.

그런데 어떻게 불량소년에 지진아였던 그가 '신의 손'이라 불릴 정도로 성공을 거둘 수 있었을까요?

어느 날 그에게 기자가 찾아와서 질문했습니다.

"오늘의 당신을 만들어준 것은 무엇입니까?"

"어머니 덕분입니다. 어머니는 내가 공부 못하는 흑인이라고 따돌림을 당할 때도 '벤, 너는 마음만 먹으면 무엇이든 할 수 있어. 노력만 하면 할 수 있어'라는 말을 끊임없이 들려주면서 나를 격려해주셨습니다."

벤 카슨은 어머니의 격려에 힘입어 중학교에 들어가면서 공부에 집중하기 시작했습니다. 곧 어머니의 말은 사실로 증명이 되었습니다. 공부를 시작하자 성적이 오르고 우등생이 되었습니다. 그는 고등학교를 3등으로 졸업하고 미시간 의과대학에서 공부한 후 '신의 손'이라는 별명을 가진 의사가 되었습니다. 빈민가의 흑인 소년, 불량스러운데다 학업 능력까지 형편없었던 아들을 포기하지 않고 끝까지 믿어준 어머니. 그 어머니가 아들에게 수없이 들려준 말입니다.

"벤, 너는 마음만 먹으면 할 수 있어. 무엇이든지 노력만 하면 할 수 있어!"

자살하기 전에 꼭 해봐야 할 것

어느 날 초라한 행색의 한 남자가 미국의 유명한 성공학자 나폴레온 힐을 찾아왔습니다. 그는 주머니에서 조그마한 책자를 꺼내며 이렇게 말했습니다.

"이 작은 책을 쓰신 분을 뵈러 왔습니다."

힐이 고개를 들고 바라보니 그 남자의 손에 들린 책은 몇 년 전 자기가 쓴 자신감에 관한 작은 책이었습니다.

그 사람이 말을 이었습니다.

"어제 오후 이 책이 제 주머니에 들어오게 된 게 아무래도 운명인 것 같습니다. 왜냐하면 제가 바로 그때 호수에 풍덩 뛰어들 작정이었거든요. 세상 모든 사람들이 저를 버린 것 같았는데, 이 책을 읽고 다른 생각이 들어서 그냥 한번 버텨보자는 결심을 하게 되었습니다. 이 책을 쓰신 분이 제가 다시 일어설 수 있도록 도와주실 수도 있을 거라는 생각이 들더군요."

힐은 그 남자가 말하는 동안 그를 꼼꼼히 훑어보았습니다. 하지만 솔직히 무엇인가 도움을 줄 수 있겠다는 생각이 들지 않았습니다. 생기 잃은 눈동자, 푹 파인 주름, 구부정한 자세, 덥수룩한 턱수염, 불안한 표정에서 완전히 절망한 한 남자를 발견할 뿐이었습니다.

그는 전 재산을 제조업에 투자했는데 1914년 세계대전이 일어나는 바람에 원자재 공급에 어려움을 겪고 파산하고 말았다고 했습니다. 그 일로 아내와 아들을 떠나 떠돌이가 되었고 마침내 자살까지 결심하기에 이르렀다고 합니다.

이야기를 다 들은 힐은 그 남자를 똑바로 쳐다보며 이렇게 대답했습니다.

"지금까지 해주신 말씀은 관심 있게 잘 들었습니다. 제가 도움을 드릴 게 있을까 찾아보았지만 그럴 만한 것이 전혀 없군요."

그 순간 남자의 얼굴이 시체처럼 하얗게 변하더니 힘없이 고개를 숙였습니다.

그때 힐은 다시 말을 이었습니다.

"제가 당신을 위해 해줄 수 있는 것은 아무것도 없지만, 원하신다면 재기할 수 있도록 도움을 줄 만한 사람을 소개시켜 줄 수는 있습니다."

"제발 그 사람한테 저를 데려다 주세요."

힐은 한쪽 벽면에 있던 커튼을 걷었습니다. 그곳에는 커다란 전신거울이 놓여 있었습니다. 힐은 그 남자를 거울 앞에 세우고는 이렇게 말했습니다.

"바로 이 사람이 제가 소개해드리고자 하는 분입니다. 당신이 재기하도록 도와줄 수 있는 유일한 분이지요. 하지만 이 사람과 지금껏 알고 지내던 그런 관계로만 지낸다면, 호수에 풍덩 빠지는 수밖에 없을 것입니다. 당신은 이 사람에 대해 좀 더 잘 알 필요가 있습니다."

거울 속에 비친 사람은 바로 그 사람 자신이었습니다.

남자는 거울 속에 비친 자신의 모습을 놀란 듯 살펴보더니 흐느껴 울기 시작했습니다.

며칠 후 힐이 길을 가는데 머리부터 발끝까지 말끔하게 차려입은 한 남자가 힘찬 걸음으로 다가오더니 이렇게 말했습니다.

"저는 며칠 전 작은 책자를 들고 선생님을 찾아갔던 사람입니다. 그날 거울 속에서 진실한 제 모습을 발견했습니다. 그 길로 일자리를 찾아 나섰습니다. 자신감을 회복하고 당당하게 면접을 본 덕에 그날 바로 연봉이 꽤 많은 직장을 구할 수 있었습니다. 사장님은 저에게 새 옷을 살 돈까지 주었습니다. 선생님이 아니었다면 저는 제 참모습을 보지 못했을 것입니다. 저에게 진정한 제 자신을 소개해 줌으로써 저를 구해주셨습니다. 언젠가 은혜를 꼭 갚겠습니다."

힐은 이 사람에게 직장을 소개하거나 돈을 던져주는 일 따위는 하지 않았습니다. 손쉬운 도움은 사람을 더 무능하게 만든다는 진리를 잘 알고 있었으니까요.

우리도 가끔은 거울 앞에 설 필요가 있습니다.
내 안에 있는 진짜 자기 모습을 발견할 필요가 있습니다.

세상이 마음에 안 든다면

한 부부가 기차여행을 하는 중 식당차에서 식사를 하게 되었습니다. 부인은 식당차에 들어서면서부터 불평을 시작하더니 식사시간 내내 투덜거렸습니다.

야채가 신선하지 않다는 둥 날씨가 변덕스럽다는 둥 불평은 쉬지 않고 이어졌습니다.

아내의 끝없는 불평에 어쩔 줄 몰라 하던 남편이 옆자리에 앉은 사람에게 사과를 했습니다.

"죄송합니다. 제 아내의 직업이 워낙 특이해서요."

옆 좌석에 앉은 사람이 궁금해서 물었습니다.

"직업이 무엇입니까?"

"제조업입니다."

옆 좌석에 앉은 사람이 더 궁금해졌습니다.

"도대체 부인의 불평과 제조업이 무슨 상관이 있습니까?"
남편은 멋쩍은 듯이 대답했습니다.
"네, 제 아내는 불행제조공장을 운영하고 있거든요."

심리학자들은 불평하는 사람들은 '욕망지향적 세계관'이라는 공통된 특징을 갖고 있다고 설명합니다.
현재 자신이 가지고 있는 것은 전혀 보지 못하고 원하는 것, 갖지 못한 것, 갖고 싶은 것, 되고 싶은 것 등에만 초점을 맞추는 것입니다.

욕망지향적 세계관으로는 무엇을 가져도 영원히 행복할 수 없습니다. 아무리 많이 가져도 없는 것만 생각할 테니까요.

똑똑한 비평가에게

미국의 유명한 전도자 D.L 무디는 전직이 구두 직공이었습니다. 아버지가 일찍 돌아가시고, 집이 가난한데다 아이들까지 많아서 공부는 엄두도 내지 못했습니다. 그런 그가 훌륭한 전도자가 되어 미국과 유럽 전역을 다니며 복음을 전하게 되었습니다.

어느 날 수천 명의 사람들 앞에서 설교를 하고 있었습니다. 많은 사람들이 예수를 믿기로 작정하는 놀라운 일이 일어났습니다. 그때 집회에 참석했던 한 대학교수가 무디에게 다가오더니 이렇게 말했습니다.

"오늘 참 대단한 설교를 하셨습니다. 그런데 목사님께서는 15분 동안 설교하면서 16번이나 문법적인 오류를 범했습니다. 그것만 없었더라면 참 좋았을 텐데 저는 그게 거슬려서 마음이 열리지 않더군요."

이 말에 무디는 이렇게 대답했습니다.

"대단히 죄송합니다. 제가 워낙 배운 것이 없는 무식한 사람이라서 그렇게 되었습니다. 정말 미안합니다."
그러고는 한마디 덧붙였습니다.
"저는 이렇게 무식해도 하나님의 말씀을 전하여 많은 사람을 구원하려고 애를 씁니다. 당신은 그 많은 지식으로 하는 일이 무엇입니까?"
무디의 말에 그 교수는 아무 말도 하지 못하고 자리를 떠나고 말았습니다.

냉혹한 비판에도 묵묵히 자기 일을 행하는 사람들이 있기에 세상은 이만큼 발전했습니다.
어리석으나 무엇인가를 행하는 사람이 똑똑한 말쟁이보다 낫습니다.

비난에 대처하는 한 가지 방법

　　스코틀랜드의 한 농촌에 고아로 남겨진 두 형제가 살고 있었습니다. 형제는 아무리 살려고 애를 썼지만 밥 세끼 먹기도 힘들었습니다.

며칠을 굶자 배고픔을 참을 수 없어 이웃집 할아버지네 양을 훔치기로 계획했습니다. 할아버지는 아주 부자니까 양 한 마리쯤 없어진다 해도 모를 것이라 생각하고 양을 훔쳤습니다. 오랜만에 배를 채우기는 했는데 어설픈 도둑질이라 발각이 되고 말았습니다. 형제는 붙들려서 매를 흠씬 맞았습니다.

그것으로 끝났으면 좋으련만 할아버지는 아이들 이마에 '양 도둑'이라는 화인을 찍어 버렸습니다. ST(sheep thief)라고 새겨 놓은 것입니다. 형제는 동네사람들의 수군거림을 견딜 수가 없어 다른 마을로 이사를 가야 했습니다. 그러나 그곳 사람들도 'ST'라는 글자의 뜻을 알고 나서 형제를 외면했습니다. 노골적인 비방과 욕설을 퍼부으며 공격하는 사람도 있었습니다.

형은 자기 이마에 양 도둑이라고 새긴 할아버지를 저주했습니다. 그는 자기 인생을 불평하며 술로 세월을 보내다가 끝내 화병으로 죽고 말았습니다.

그러나 동생은 달랐습니다.

'할아버지가 심하기는 했지만 어쨌든 내가 양을 도둑질한 건 사실이 아닌가? 양 도둑을 보고 양 도둑이라고 하는데 무엇이 잘못되었는가?'

그는 다시는 같은 실수를 저지르지 않겠다고 다짐하고 평생을 착하고 성실하게 살았습니다.

오랜 세월이 흘렀습니다. 동생은 큰 부자가 되었습니다. 특히 자신의 어린 시절을 생각하며 아이들에게 많은 사랑을 베풀어 많은 아이들이 그의 집에 와서 즐겁게 놀았습니다. 아이들은 진심으로 사랑해주는 할아버지를 무척 좋아했습니다.

그중 한 여자 아이가 집으로 돌아가 자기 할아버지에게 물었습니다.

"할아버지, 옆집 할아버지 이마에 ST란 글자가 새겨져 있던데, 그게 무슨 뜻이에요?"

물론 할아버지는 옆집 할아버지의 과거를 다 알고 있었습니다.

그럼에도 불구하고 어린 손녀에게 이렇게 대답해 주었습니다.
"그 할아버지는 참 좋은 분이란다. ST는 saint(성자)라는 글자의 약자란다. saint의 첫 자와 끝 자를 뜻한단다."
아이는 이제야 이해했다는 듯 고개를 끄덕였습니다.

사실을 부정하지 마세요.
ST(sheep thief)를 부정하니까 ST(saint)가 안 되는 것입니다.
자기가 ST(Sheep thief)라는 것을 기꺼이 인정하고 나면 ST(saint)로 나가는 길이 신기하게 열립니다.

자기에게 오는 비난을 기꺼이 수용하면서부터 성장을 위한 변화가 시작됩니다. 비난을 기꺼이 수용하는 순간 자기도 모르게 성큼 자라는 것입니다.

두려움을 넘어서면

〈가이드 포스트〉에 '두려움에 대한 승리'라는 제목으로 소개된 이야기입니다.

알렉산더 플러머라는 사람은 65세가 되도록 한번도 아파본 적이 없는 사람이었습니다. 그는 매년 정기적으로 건강검진을 받았으며 매우 건강했습니다. 그해에도 건강검진을 받고 결과를 기다리고 있는데 병원에서 청천벽력 같은 결과가 날아왔습니다. 건강진단서에 '전립선암'이라고 기록되어 있었습니다. 그는 깜짝 놀라 다시 병원을 찾아가서 진단을 받았으나 결과는 마찬가지였습니다.

알고 보니 전립선암은 가족력이었습니다.

그의 아버지는 자기 나이에 전립선암을 선고받고 두 달 만에 세상을 떠났습니다.

삼촌 두 분도 같은 병으로 세상을 떠났습니다.

사촌 몇 사람도 전립선암으로 죽었습니다.

그는 이 사실을 떠올리자 온 몸에 맥이 탁 풀렸습니다.

'이제는 내 차례구나.'

모든 의욕이 사라지고, 두려움이 목을 조여왔습니다. 암으로 죽어야 한다는 사실 앞에 완전히 절망했습니다. 즐겨하던 운동도 하지 않았습니다. 사업도 정리했습니다. 사람들을 만나는 것도 완전히 끊어버렸습니다. 교회에도 나가지 않았습니다.

그러자 동생이 찾아와서 형을 위로하면서 물었습니다.

"형님은 나보다 믿음이 훨씬 좋은 줄 알았는데 어찌하여 교회에 나가지 않습니까?"

"암에 걸린 판에 교회가 무슨 소용이야."

그는 축 늘어진 채로 지냈습니다. 두려움에 떨며 하루하루를 보냈습니다. 급기야 깊은 우울증에 걸렸습니다.

의사가 말했습니다.

"긍정적으로 생각하고 긍정적인 태도를 가져야 합니다. 병을 이기는 데는 의사의 치료만으로는 부족합니다. 무엇보다 환자가 긍정적인 생각을 가져야 합니다."

그러나 그는 들은 척도 하지 않았습니다. 건강한 사람의 동정쯤으로 생각했습니다.

많은 사람들이 위로를 했지만 한마디도 들리지 않았습니다.

견딜 수 없는 고통이 계속되자 마지막으로 하나님께 기도하기 시작했습니다.

"사람이 죽는 일은 당연한 줄 압니다. 그러나 지금 제 마음이 너무 두렵습니다. 하나님, 두려움을 없애주십시오. 암보다 두려움 때문에 더 괴롭습니다. 두려움 때문에 한순간도 견딜 수 없습니다. 죽어도 좋으니 두려움을 없애주십시오."

이렇게 간절하게 기도하자 급기야 마음이 평안해지기 시작했습니다.

'사람은 누구나 죽어야 하지 않는가? 피하지 말고 당당히 받아들이자.'

그렇게 생각하자 서서히 마음속에서 두려움이 사라지기 시작했습니다. 두려움이 사라지고 나니 마음이 편안해졌습니다.

그는 일어나 전과 같이 식사를 하고 운동도 시작했습니다. 그러는 사이 10킬로그램이나 줄었던 몸무게도 회복되었습니다.

병원에 가서 진찰을 받았습니다. 결과를 살펴보던 의사가 놀란 표정으로 말했습니다.

"이건 기적입니다. 병이 다 나았습니다."

그는 자신의 경험을 많은 사람에게 이야기하면서 이렇게 말했습니다.

"나를 죽이는 것은 암이라고 하는 불치병이 아니라 죽음에 대한 끝없는 두려움이었습니다. 이 사실을 깨닫기 시작하자 치료의 길이 열렸습니다. 그리고 두려움을 이기자 암이 사라졌습니다."

5

행복의
기본 공식

세상은
다 그런 것이 아니다

퇴근시간에 일기예보에도 없던 장대 같은 소낙비가 갑자기 퍼부었습니다. 퇴근길에 나선 사람들은 비를 피해 허둥지둥 뛰었습니다.
작은 집 처마 밑에 다섯 사람이 옹기종기 모여 서서 비가 멎기를 기다리고 있었습니다. 이때 뚱뚱한 아주머니가 틈바구니를 비집고 들어왔습니다. 그 때문에 청년 하나가 밀려 밖으로 나오게 되었습니다. 어이없는 상황이었지만 다들 외면하고 있는데 처마 밑에 있던 노인이 이렇게 말합니다.
"젊은이, 세상이란 다 그런 거라네!"
이 말을 들은 청년은 노인을 물끄러미 바라보더니 어디론가 뛰어갔습니다. 그리고는 비닐우산 다섯 개를 사 들고 와서 하나씩 나누어

주었습니다.

우산을 받아든 노인에게 청년이 한마디 합니다.

"어르신, 세상은 절대로 다 그런 것은 아닙니다."

세상을 논할 만큼 우리의 존재는 크지 않습니다.

역사를 논할 만큼 우리의 존재는 길지 않습니다.

오늘이라는 시간만이 세상에서 우리에게 주어진 유일한 시간입니다.

당신을 통해 한 사람이 사랑을 경험할 수 있다면 오늘 당신은 당신의 몫을 다한 것입니다.

세상을 논하지 마세요.

인생을 논하지도 마세요.

그냥 마음이 허락하는 일을 하는 것이 중요합니다.

양심이 말할 때 조용히 따르십시오.

그것만으로 당신은 세상에서 해야 할 당신의 몫을 충분히 해내고 있는 것입니다.

당신이 비추는 작은 빛이 어떤 사람에게는 희망의 빛이 되기도 하니까요.

집에 다 있다

어떤 화가가 세상에서 가장 아름다운 모습을 화폭에 그려보겠다고 마음먹고 찾아 나섰습니다. 그는 여행을 다니면서 이 사람 저 사람에게 세상에서 가장 아름다운 것에 대해 물어보았습니다. 하루는 어떤 목사님에게 물었습니다.

"세상에서 가장 아름다운 것이 무엇입니까?"

"믿음입니다."

이번에는 지나가는 군인을 붙들고 물었습니다.

"세상에서 가장 아름다운 것이 무엇입니까?"

"평화입니다."

이번에는 신혼여행을 떠나는 신혼부부에게 물었습니다.

"세상에서 가장 아름다운 것이 무엇이겠습니까?"

"사랑입니다."

화가는 세 가지 대답이 모두 마음에 들어서 그것을 그리기 위해 붓을 들었습니다. 세 가지를 합쳐놓은 가장 아름다운 모습을 그리기로 했습니다.
'이 세 가지를 어떻게 합쳐서 하나의 그림으로 그릴 수 있을까?'

아무리 생각하고 헤매 다녀도 이 세 가지를 모두 모아놓은 그림을 찾을 수가 없었습니다. 오랫동안 돌아다니다가 결국 포기하고 아무것도 그리지 못한 채 집으로 돌아오게 되었습니다.

지친 몸으로 힘없이 문을 열고 들어서는데 아이들이 "아빠!" 하고 소리치며 달려와 안기는 것이 아닙니까? 그때 화가는 아이들의 반짝이는 눈망울에서 믿음을 발견했습니다.
'아! 여기에 믿음이 있구나. 아이들은 여전히 나를 믿고 있구나.'
남편이 오랫동안 집을 비웠는데도 아내는 여전히 부드러운 태도로 맞아주었습니다. 화가는 아내의 따뜻한 환영에서 사랑을 발견했습니다.
그리고 아이들과 아내가 있는 집에서 오랜만에 지친 몸을 편안히 쉴 수 있었습니다. 아내의 사랑과 아이들의 믿음 속에서 평화를 얻은 것입니다.
비로소 그 화가는 세상에서 가장 아름다운 것은 가정이라는 사실을 깨달았습니다. 화가는 아름다운 가정의 모습을 화폭에 담아 그리기 시작했습니다. 더 이상 아름다움을 찾아 헤맬 필요가 없게 되었습니다.

"가정에서 행복을 찾지 못하는 사람은 어디에서도 행복을 찾을 수 없다."
괴테의 말입니다.

함께 울 수 있는 친구가 있는가

어느 할아버지가 암 진단을 받았습니다. 할아버지는 암 진단을 받은 후 평소와는 달리 매우 난폭해졌습니다. 식구들에게 불평을 계속 늘어놓기도 하고, 주변 사람들에게 욕을 하고 싸움을 자주 하기도 했습니다. 중세가 심할 때는 병실 문을 걸어 잠그고 아무도 만나지 않았습니다.

심지어 의사와 간호사들에게까지 난폭한 행동을 일삼았습니다. 의사는 할아버지의 증세를 누그러뜨리기 위해 친구들을 만나게 했지만 도움이 되지 못했습니다. 몇 마디를 나눈 후 소리를 지르면서 친구들을 쫓아버렸습니다.

카운슬러도 소용이 없었습니다.

그러던 어느 날 할아버지가 가끔 만나던 동네 꼬마가 있었는데 그 아이가 소식을 듣고 병문안을 왔습니다. 식구들은 할아버지가 난폭한 행동을 할까봐 꼬마의 병문안을 달가워하지 않았습니다. 그러나 꼬마가 계속 부탁을 하는 바람에 어쩔 수 없이 아이를 병실로 들여보냈습니다.

다른 사람 같으면 벌써 몇 번을 쫓겨났을 시간인데 한참을 지나도 꼬마가 나오지 않았습니다. 거의 30분이 지난 후 꼬마가 웃는 모습으로 병실을 나왔습니다.

꼬마는 다음날도, 그 다음날도 찾아와 할아버지와 시간을 보냈습니다.

그렇게 사나흘이 지나자 할아버지의 태도가 완전히 달라졌습니다. 사람들을 만나기도 하고 대화도 부드럽게 나누었습니다.

할아버지의 변화를 이상하게 여긴 식구들이 꼬마에게 물었습니다.

"할아버지와 무슨 이야기를 했니?"

"아무 이야기도 하지 않았어요."

"아니, 30분씩이나 할아버지와 함께 있으면서 아무 말도 안 했다는 거니?"

꼬마가 대답했습니다.

"할아버지가 우시기에 저도 할아버지와 같이 울었어요."

꼬마는 할아버지의 아픔을 자신의 아픔처럼 여기며 같이 울었을 뿐입니다.

꼬마와 안고 아픔을 공유하며 우는 동안 할아버지 속에 있던 마음의 상처가 아문 것입니다.

육체의 병만큼이나 무서운 것이 마음의 병입니다.

마음의 병은 아픔을 공감하고 함께 느끼는 사랑을 경험할 때 치료될 수 있습니다.

동화를 읽어야 하는 이유

 밤이면 잠을 잘 이루지 못하는 딸에게 엄마가 동화책을 읽어주고 있었습니다. 엄마는 재미있는 표정과 억양으로 책을 읽어줍니다.

"옛날에 아름다운 공주가 살고 있었는데 아주 사랑스럽고 지혜로워서 모든 사람이 공주를 좋아했단다. 공주도 마음이 착해서 왕궁에 있는 하인들에게까지 친절을 베풀어서 사람들이 공주를 참 좋아했대. 그런데 어느 날 공주님의 방으로 개구리 한 마리가 들어왔는데 공주는 그 개구리도 사랑하게 되었단다. 사람들이 왔다 갔다 하다가 밟아 죽이면 어떡하나 하는 걱정에 공주는 자기 이부자리에 개구리를 가지고 들어갔단다. 그런데 아침에 일어나보니 개구리가 왕자님이 되어 있지 않겠니? 그 왕자님은 이웃나라에 사는데 못된 마녀의 마법에 걸려 개구리가 되었던 거야. 공주님의 사랑 때문에 다시 왕자님으로 돌아올 수 있었어. 멋진 왕자와 공주는 결혼해서 행복하게 살았대."

엄마가 책을 다 읽어주자 어린 딸은 이렇게 말했습니다.

"엄마, 그거 다 거짓말이야. 엄마도 거짓말인 거 알고 있잖아."

엄마는 어린 딸의 말에 등골이 서늘해지며 슬픔이 밀려오는 것을 느꼈습니다.

동화는 물론 상상의 세계이고 지어낸 이야기입니다. 그렇다고 동화를 거짓이라고 할 수는 없습니다. 우리가 사는 세상은 물리적 세계만 존재하는 것이 아닙니다.

과학이 물리적인 세계라면 동화는 마음의 세계입니다.

물리적인 세계는 자연법칙에 의해 돌아가지만 동화는 내가 꾸며내고 만들고 꿈꾸는 마음의 세계입니다.

사회조직에서 성공하려면 물리적인 세계를 잘 이해하면 됩니다.

그러나 행복하려면 마음에 동화의 세계가 있어야 합니다.

성공하고도 불행을 느끼는 것은 마음에 있어야 할 동화의 세계가 파괴되었기 때문입니다.

동화는 당신만의 세계입니다.

물리적 기준으로 측정할 수 있는 세계가 아닙니다.

당신이 믿으면 적어도 당신에게만은 진실이 되는 실존의 세계입니다.

동화를 믿어보세요.

동화가 있는 마음은 행복합니다.

불행은 어디서 오는가

찰스 디킨즈의 《크리스마스 캐럴》은 전 세계에 알려진 유명한 작품입니다. 그러나 그의 또 다른 작품인 《두 도시 이야기》는 잘 알려져 있지 않습니다. 이 작품은 1895년 발표된 토마스 칼라일의 《프랑스 혁명》을 읽고 자극을 받은 디킨즈가 프랑스혁명을 배경으로 런던과 파리를 무대로 하여 쓴 역사소설입니다.

영국인 의사 마네트는 프랑스 귀족의 비밀을 우연히 알게 된 죄로 붙잡혀 18년간이나 프랑스 바스티유 감옥에 갇히게 되었습니다. 18년의 징역을 선고받고 죄수 생활을 하고 있는데 자기도 모르게 어느덧 감옥 생활에 익숙해져 가는 자신을 발견합니다. 처음에는 불편하기 그지없었는데 오랜 세월을 그 속에서 보내다 보니 감방 생활을 오히려 안락하게 느끼게 되었습니다.

감옥의 좋은 점은 아무런 책임을 지지 않아도 된다는 것이었습니다. 돈벌이할 걱정도, 인간관계로 인한 고민도 없었습니다. 주는 대로 먹고 시키는 대로 일하고 저녁이면 늘어지게 자면 되었습니다. 그는 무려 18년 동안이나 감옥 생활을 하고 있었습니다. 어느덧 시간이 흘러 출소를 해 영국으로 돌아가게 되었습니다.

출소한 첫날 밤, 자기 집의 넓은 방에서 잠을 청하는데 도대체 잠이 오지 않았습니다. 푹신한 최고급 침대가 그렇게 불편할 수가 없었습니다. 몸 한번 제대로 돌리지 못했던 좁은 감방이 그리웠습니다.
급기야 그는 바닥에 벽돌을 쌓아서 감방같이 조그마한 공간을 만들고 그 속에 들어갔습니다. 그제야 비로소 마음의 평안을 얻고 단잠을 잘 수 있었다는 이야기입니다.

불행의 감옥을 만들고 그 안에 들어가서 자기 연민을 즐기는 사람들이 우리 주위에도 있습니다. 불행에 길들여진 사람은 행복을 아무리 말해도 믿지 않습니다. 당신도 행복할 수 있다고 말하면 불행에 길들여진 자아가 당장 반박을 합니다.
"나는 쥐꼬리만큼 월급을 받아요, 승진도 못했어요, 멋진 자동차도 없어요, 아름다운 아내도 없고, 정원이 딸린 집도 없는 걸요. 그리고 …"

불행의 이유를 줄줄 외워댑니다.

문제는 불행의 조건이 아니라 불행에 길들여진 마음입니다.
행복해지고 싶다면 먼저 마음에 쌓아놓은 불행의 담을 허물어내야 합니다.

"사람은 자기가 마음먹은 만큼 행복해질 수 있습니다."
링컨의 말입니다.

얼마를 더 벌면 행복할 수 있을까

미우라 아야코라는 여자가 있었습니다. 결혼생활은 행복했으나 남편의 월급이 너무 적어 생활이 어려웠습니다. 그래서 살림에 보탤 요량으로 조그마한 구멍가게를 열게 되었습니다. 친절하고 성실하게 손님을 맞이하였더니 소문이 나서 얼마 후엔 트럭에 물건을 들여올 정도로 장사가 아주 잘되었습니다. 너무 바빠서 정신이 없을 지경이었습니다. 어느 날, 퇴근을 하고 온 남편이 정신없이 일하는 아내를 보고 진지하게 말했습니다.

"여보, 장사가 잘되는 것은 좋은 일이지만 이러다가는 다른 가게들이 다 문을 닫겠소. 우리만 잘살겠다고 하는 건 옳지 않은 것 같소."

아내는 남편의 충고를 받아들여 점차 품목을 줄여갔습니다.

손님이 오면 친절하게 이렇게 말했습니다.

"죄송합니다. 그 물건은 우리 가게에는 없네요. 저 앞 가게에 있을 테니 거기서 살 수 있을 겁니다."
그녀는 자기에게 오는 손님을 이렇게 나누어주었습니다. 그러다 보니 마음도 기쁘고 시간의 여유도 생겨 틈틈이 소설을 쓰기 시작했습니다.
그렇게 짬을 내 쓴 소설이 그 유명한 《빙점》이라는 소설입니다.
1965년 출판된 이 소설은 '빙점 신드롬'을 불러일으키며 전 세계 독자들에게 '미우라 아야코'라는 이름을 알렸습니다.

언젠가 세계 최고의 부자인 록펠러에게 기자가 물었습니다.
"선생님, 앞으로 얼마를 더 벌면 만족하겠습니까?"
"일 센트만 더!"
록펠러의 유명한 말입니다.

'일 센트만 더'라는 욕심을 버리면 행복이 옵니다.

기적을 일으키는 마음

미국 아이다호 주에 사는 '올가' 라는 여자의 이야기입니다.

"8년 전, 저는 암이라는 사형선고를 받았습니다. 내 앞길은 막혀 버렸고 죽음이 나를 기다렸습니다. 어찌할 바를 몰라 주치의에게 전화를 해서는 마음속 절망감을 호소했습니다. 그러자 주치의는 쌀쌀맞게 저를 꾸짖더군요.
'어쩌자고 그러세요. 그만한 참을성도 없습니까? 울고만 계신다고 일이 해결되지는 않습니다. 지금 당신의 병세는 확실히 악화되고 있어요. 그러니까 마음을 더 굳게 먹고 현실과 대결해야 합니다. 어쨌든 최선을 다해야 되지 않겠어요?'
이 말을 듣고 저는 즉시 두 주먹을 불끈 쥐고 마음속으로 다짐했습니다. '그래, 못이 내 살갗을 뚫고 들어와서 척추로 냉기가 들어온다 해도, 다리가 납덩이처럼 무거워도 결코 걱정하지 않으리라.' 정말 그런 아픔이 와도 눈물 한번 흘리지 않았습니다. 오히려 명랑했어요. 억지로라도 미소를 지었죠. 아무리 명랑해져도 암이 나을 리는 없겠지만, 그래도 몸이 병을 감당해내는 데 명랑한 정신이 보탬이 되리라고 믿었습니다. 그런데 놀랍게도 암이 기적처럼 나았습니다. 최근 수년 동안 전보다 더 건강해졌는데, 이것은 모두 '현실과 대결하라! 걱정은 집어치워라! 어쨌든 노력해보라!' 라는 격려 덕분이었습니다."

당신은 암에 걸린 사람이 아닐 수 있습니다. 그러나 문제의 크기와 상관없이 걱정과 싸우는 법을 배우지 않고서는 행복한 인생을 살 수 없습니다. 당신에게 주어진 문제가 무엇이든, 그로 인해 걱정의 구렁텅이에 빠져서는 안 됩니다.

문제와 정면으로 대결하십시오.
걱정이 슬그머니 꼬리를 내리고 사라질 것입니다.

사람을 변화시키는 가장 쉬운 방법

《장발장》은 빅토르 위고가 1862년에 출판한 소설입니다.

주인공 장발장은 배가 고파서 빵 한 조각을 훔쳤다가 감옥살이를 하게 됩니다. 이후 세 번이나 탈옥을 시도하는 바람에 형을 19년이나 살게 되었습니다. 19년간의 옥살이를 마치고, 전과자라는 낙인이 찍힌 채 세상에 나온 그에게 사람들은 냉담하기만 했습니다.

거처할 곳을 찾던 중 한 교회에 들어가게 되었습니다. 교회의 신부는 저녁식사를 주며 그를 따뜻하게 대해 주었습니다. 신부는 장발장의 정체를 이미 알고 있었으나 아무것도 묻지 않은 채 하룻밤을 묵어가도록 했습니다. 그러나 장발장은 못된 버릇을 참지 못하고 은그릇 하나를 훔쳐 몰래 도망을 치다가 헌병에게 붙잡혀 신부 앞으로 끌려오게 되었습니다.

헌병 앞에서 두려움에 떨고 있는 장발장을 보고 신부가 태연하게 말합니다.

"그 은그릇은 내가 준 것입니다. 그런데 내가 준 은촛대는 왜 안 가져갔습니까?"

장발장은 신부가 보여준 사랑에 감명을 받아 이를 계기로 새로운 인생으로 다시 태어나게 됩니다.

사람은 체벌이나 비판으로
달라지지 않습니다.
사랑에 감격할 때에야
비로소
변화가 시작되는 것입니다.

사랑을 오래 유지하려면

헤르만 헤세의 작품 《어거스터스》에 나오는 이야기입니다.

오랫동안 자식이 없어서 초조하던 부부에게 자식이 생겼습니다. 온 가족이 기쁨을 감추지 못했습니다. 그날 밤 꿈에 신비한 노인이 나타나서 어머니에게 소원을 한 가지 묻습니다.

"이 아이를 위해서 한 가지 소원을 말하면 내가 들어주겠다."

딱 한 가지라고 하니 무엇을 말할까 고민이 되었습니다.

고민 끝에 딱 한 가지 소원을 말합니다.

"내가 낳은 아이가 세상 모든 사람에게 사랑받기를 원합니다."

노인은 소원을 들어주겠다고 말하고는 사라졌습니다.

노인의 대답대로 아이는 자라면서 모든 사람에게 사랑을 받습니다. 가정에서는 부모에게 사랑을 받고, 학교에 가면 선생님과 친구들에게 사랑을 받습니다. 어디에 가든지 사랑을 받습니다. 사랑의 중심에 서게 됩니다. 그렇게 몇 년이 흘렀습니다.

어느 날 다시 그 노인이 꿈에 나타났습니다.

"나는 네 소원을 들어주었다. 만족스러우냐?"

그때 어머니가 말합니다.

"아닙니다. 이제라도 제 소원을 바꾸었으면 좋겠습니다."

"이유가 무엇이냐?"

"아이가 사랑을 받기만 하다 보니 이기적인 사람이 되었습니다. 모든 일을 자기 뜻대로만 하려고 하고 정신적으로 미숙아가 되어 버렸습니다."

"그럼 무슨 소원을 원하느냐?"

노인의 물음에 어머니가 간절하게 부탁했습니다.

"사랑을 받기보다 사랑을 베푸는 사람으로 자라게 해주십시오."

사랑에도 균형이 필요합니다.

받기만 하면 이기적인 사람이 됩니다.

주기만 해야 한다면 곧 지쳐버리고 말 것입니다.

주고받는 것이 조화를 이룰 때 사랑은 오래도록 지속될 수 있습니다.

그 무엇이 어머니의 사랑을 대신하랴

마더 테레사 수녀가 인도의 캘커타에서 빈민들을 헌신적으로 돌보던 시절 이야기입니다. 어느 날 길거리에서 한 소년을 만났습니다. 소년은 제대로 먹지도 못해서 깡마른 데다가 행색이 너무 더럽고 초라했습니다. 테레사 수녀는 소년이 너무 불쌍해서 어린이 집으로 데려와 손수 목욕을 시키고 옷을 새로 입히고 따뜻한 밥을 먹여 깨끗한 침대에서 자도록 했습니다. 그런데 아침에 일어나 보니 소년은 없고 침대는 덩그러니 비어 있었습니다.

깜짝 놀라서 소년을 찾았더니 전에 구걸하던 길거리에서 구걸을 하고 있었습니다. 다시 데려와서 씻기고 깨끗한 침대에 재웠더니 다음 날 또 없어졌습니다. 다시 그 거리에 가보니 거기서 또 구걸을 하고 있었습니다. 이런 과정이 몇 차례 반복되자 하루는 소년이 어디로 가는지 뒤를 쫓아가 보았습니다. 소년은 새벽에 일어나서 어린이집을 나와서는 큰 나무 밑에 있는 움막집으로 들어갔습니다. 그곳에서 한 여인이 동네 쓰레기통에서 주워온 음식을 긁어모아 끓이고 있었습니다. 아이는 여인이 주는 음식을 받아들고는 맛있게 먹었습니다. 아이의 얼굴에는 기쁨이 가득했습니다. 테레사 수녀가 소년을 불러내 물었습니다.

"왜 어린이집에서 도망쳤니? 불편한 게 있었니?"

소년이 대답했습니다.

"여기에 어머니가 있기 때문입니다. 어머니의 사랑이 있고 가족들이 함께 있어서 행복합니다."

테레사 수녀는 사랑의 크기를 새삼 깨달았습니다.

좋은 환경을 줄 수 없다고 너무 낙심하지 마세요.
사랑도 좋은 환경도 줄 수 있다면 더할 나위 없겠지만 인생이 어찌 좋은 것을 다 갖출 수 있나요. 당신의 마음에서 솟아난 진심어린 사랑 하나만이라도 줄 수 있다면 모든 것은 아니더라도 가장 좋은 것을 상대방에게 주고 있는 것입니다.

마음을 가장 행복하게 하는 것은 사랑이 가득 담긴 마음입니다.

6

지금 여기서
유쾌하게 살아가기

사소한 것에
목숨 걸어야 하는 이유

콜로라도 주 롱피크의 경사지에는 거목의 잔해가 있습니다. 박물학자들은 이 나무가 족히 4백 년도 넘은 나무일 것이라고 말하고 있습니다. 일찍이 콜럼버스가 엘살바도르에 상륙했을 때 이 나무는 묘목이었고 영국의 청교도들이 플리머스에 이주했을 때는 반쯤 자라 있었을 것입니다. 이 나무는 긴 생애 동안 열네 번이나 벼락을 맞았습니다. 눈사태와 폭풍이 4세기에 걸쳐서 수없이 내습했지만 나무는 꿋꿋이 이겨냈습니다.

그런데 어느 순간부터 나무가 서서히 말라가기 시작했습니다.

어느 날 딱정벌레 떼가 몰려와 나무껍질을 파고 들어가서는 조금씩 내부를 파괴하기 시작한 것입니다.

딱정벌레 떼는 비록 조금씩이기는 하지만 끊임없이 나무의 생명을 공격했습니다.
작은 딱정벌레의 지치지 않는 공격으로 나무는 서서히 말라갔습니다. 결국 4백 년 동안 온갖 풍상을 견디어 온 나무는 쓰러지고 말았습니다.

세월에도 시들지 않고, 뇌화에도 불타지 않고, 폭풍에도 굴하지 않았던 거대한 나무가 작은 벌레의 공격에 쓰러지고 만 것입니다.
사람의 손끝으로 문질러서 없애버릴 수 있는 작은 벌레로 인해 쓰러진 것입니다.

사막을 횡단한 탐험가에게 물었습니다.
"무엇이 제일 힘들었습니까?"
사막의 뜨거운 태양이라든가
모래폭풍이라고 대답할 줄
알았습니다.
그러나 의외의 대답이 나왔습니다.

사막 여행에서
제일 힘들었던 건
신발속 모래~

"신발 속에 들어간 쌀알 만한 작은 돌이 제일 힘들었습니다."

정직, 청렴, 너그러움, 이해심, 사랑, 걱정을 다루는 법…
거창한 일을 하는 사람들에게 이런 것들은 사소하게 보일 수도 있지만 사소한 것으로 인해 큰 낭패를 당하는 것이 또한 인생사가 가르쳐주는 교훈입니다.

대박의 탄생

어느 백화점에 엘리베이터가 있었는데 오르내리는 속도가 너무 느려서 고객들의 불평이 터져 나오기 시작했습니다.

고객들의 불평이 점점 심해지자 결국 지배인은 속도 문제를 해결하기 위해서 전문가들에게 해결 방법을 부탁했습니다.

전문가들은 일주일 동안 이것저것 연구하더니 디자인과 성능이 좋은 엘리베이터를 고안해냈습니다.

백화점 측은 디자인도 성능도 아주 마음에 들어했습니다. 문제는 교체하는 비용이 엄청나게 비싸다는 것이었습니다.

지배인은 이러지도 저러지도 못하고 큰 걱정에 빠져 시간만 허비하고 있었습니다. 그때 백화점에서 일하는 청소부가 그 소식을 듣고는 지배인을 찾아가서 "단돈 5만 원만 주면 문제를 해결할 수 있다"고 말했습니다.

'전문가들도 해결하지 못한 일을 청소부가 해결할 수 있을까? 그것도 단돈 5만원으로….'

의심이 들긴 했지만 지배인은 속는 셈치고 5만원을 주었습니다. 청소부는 그 돈으로 커다란 거울을 사서 엘리베이터 안에 걸어 놓았습니다.

즉시 놀라운 효과가 나타나기 시작했습니다.

전에는 고객들이 밋밋한 네모 상자 안에서 오로지 올라갈 층수만 계산하고 있었는데 거울을 달아놓자 사정이 완전히 바뀌었습니다.

사람들은 거울을 보면서 넥타이를 바로잡기도 하고, 머리를 매만지고, 립스틱을 바르기도 했습니다. 그느러나 엘리베이터가 느리게 올라간다는 것을 까맣게 잊어버리는 것이었습니다.

어떤 문제로 앞뒤가 꽉 막혀 있다면 여유를 좀 부려 보세요.

한 가지에 고정된 생각을 풀어놓으세요. 말도 안 되는 생각이라도 해보세요. 수학의 법칙, 논리의 법칙 따위에 너무 사로잡히지 마세요.

말 같지 않은 소리라도 한번 들어보세요.

얼토당토 않은 생각이라도 과감하게 한번 시도해 보세요.

의외로 그곳에 해답이 있을지 모릅니다.

지금 우리가 사용하는 많은 문명의 이기도 처음에는 쓸데없어 보이는 망상 같은 아이디어에서 출발한 것이 아닙니까?

남을 의심하기 전에 생각해봐야 할 것

중국 고전 《여씨춘추》에 나오는 이야기입니다.
한 나무꾼이 도끼를 잃어버렸습니다. 나무꾼에게 도끼는 생명처럼 중요합니다. 도끼를 잃어버렸으니 나무를 할 수 없어 밥까지 굶게 생겼습니다. 이곳저곳을 아무리 찾아보아도 도끼가 보이지 않습니다. 그러던 중 마침 이웃집 아이가 지나갑니다. 가만히 보니 뭔가 수상한 데가 있습니다. 걸음걸이도 수상하고, 힐끔힐끔 자기 쪽을 쳐다보는 것도 수상하고, 뭔가 자기 눈을 자꾸 피하는 것이 의심이 갔습니다. 결국은 옆집 소년이 도끼를 훔쳐갔을 것이라고 결론을 내리고 확실한 증거를 잡을 계획을 세웠습니다.
그렇게 며칠이 흐른 뒤 떨어진 나뭇가지라도 주울 작정으로 산에 갔다가 잃어버린 도끼를 발견합니다. 소년이 훔쳐간 것이 아니라 산에서 나무를 하고 내려오다 잃어버렸던 것입니다.

이 일이 있은 후 다시 옆집 아이를 보게 되었는데 이상하게 하나도 수상한 점이 보이지 않았습니다. 걸음걸이, 표정, 행동, 태도… 어느 모로 보나 도끼를 훔칠 아이로는 보이지 않더라는 것입니다.

의심이 이렇게 무섭습니다.
한 번 의심하기 시작하면 모든 것이 수상하게 보입니다.
의심은 병입니다.
의심은 바로 나 자신의 병입니다.
내 마음이 병들어서 멀쩡한 사람을 의심하게 되는 것입니다.

무엇이든 의심부터 하고 보는 삐뚤어진 마음을 바꾸어야 합니다.
아이는 그대로인데 나무꾼의 마음이 달라진 것뿐입니다.
결국 마음의 눈이 문제입니다.

운명을 바꾸려면

　　우리 민족의 뛰어난 지도자 김구 선생님은 서민의 집안에서 태어나서 평범한 유년기를 보냈습니다. 선생님은 부모에게 효도하고 가문을 일으키는 길은 과거에 급제하는 방법뿐이라고 생각하고 열심히 공부하여 과거 시험을 보았습니다. 그런데 시험을 볼 때마다 낙방을 했습니다. 정치가 극도로 부패하여 돈으로 급제자가 결정되는 시절이었기 때문입니다. 그래도 매번 낙방하고 보니 실망이 이만저만이 아니었습니다.

실망하고 있는 아들에게 아버지는 '관상쟁이'가 되라고 충고를 했습니다. 관상쟁이가 되어보자고 《마의상서》라는 책을 사서 열심히 관상술을 익히고 있는데 문득 자신의 관상이 궁금해졌습니다.

김구 선생은 거울을 앞에 두고 자기 얼굴을 보면서 책을 한 줄씩 읽어 갔습니다. 그런데 자기 관상이 형편없었습니다. 가난과 살인으로 감옥살이를 할 상이 아닙니까? 선생은 탄식하며 책을 읽어가던 중에 눈이 번쩍 뜨이는 구절을 보게 되었습니다.

'얼굴이 잘생긴 관상은 몸이 튼튼한 신상만 못하고, 몸이 튼튼한 신상은 마음씨가 좋은 심상만 못하다.'

마음이 올바른 것이 잘생긴 얼굴이나 튼튼한 신체보다 낫다는 말이었습니다. 기막힌 진리입니다. 선생님은 그 대목에서 용기를 얻고 이런 결심을 했습니다.

'내가 이 민족에 태어났으니 나라를 위하여 충성하리라.'

선생님은 마침내 우리 민족의 위대한 지도자가 되었습니다.

요즘은 운명을 바꾸고 싶어
얼굴과 신체 여러 부분을
성형하지만 마음이
새로워지지 않는 한
운명은 변하지 않습니다.

운명이란 마음에서
나오는 가치와 생각들이
만들어내는 것이기 때문입니다.

전문가의 말을 들을 때 주의해야 할 점

마가렛 미첼의 소설 《바람과 함께 사라지다》는 출판사마다 거절당한 작품이었습니다. 무려 십 년 동안 정성을 기울인 작품이었지만 편집자들의 반응은 냉담했습니다. 수십 군데 출판사를 찾아다녔으나 편집자마다 졸작이라고 혹평하며 출판을 거절했습니다. 그러던 중 마가렛 미첼이 열차 칸까지 따라가서 출판사 사장에게 꼭 한 번만 읽어 달라고 통사정을 해서 겨우 출판되었습니다.

평론가들의 평가와는 달리 독자들의 반응은 폭발적이었습니다. 1936년 출판되어 1937년 퓰리처상을 받았고, 발행 후 1년 동안 150만 부가 팔렸으며, 곧 10여 개 국어로 번역되어 세계적인 화제를 불러일으켰습니다. 또한 1939년 비비안 리(스칼렛 역)와 클라크 게이블(레트 역) 주연으로 영화화되어 세계적으로 흥행했습니다.

각 분야마다 전문가라고 인정받는 사람들이 있습니다. 전문가의 충고가 필요하다는 것은 누구나 인정합니다. 그러나 때로 전문가들은 자기들만이 모든 것을 아는 것처럼 혹평을 해 당사자에게 깊은 상처를 줄 때가 있습니다.

사실 전문가가 좋은 작품이라고 평가한다고 해서 대중적인 인기가 있는 것은 아닙니다. 대중과 전문가 사이에는 항상 어느 정도의 거리가 있습니다.

전문가보다 더 중요한 것은 그 작품을 직접 대하는 대중입니다.

전문가들의 충고를 잘 들으십시오.

그러나 전문가의 말에 목을 매지는 마십시오.

말도 안 되는
윗사람의 요구에 대처하는 법

옛날 위엄을 나타내기를 좋아하는 왕이 있었습니다. 왕은 외출할 때마다 발에 먼지가 묻고 상처가 난다며 몹시 짜증을 냈습니다. 급기야 왕은 신하들에게 "내가 다니는 모든 길에 쇠가죽을 깔아라." 하고 명령을 내렸습니다.

이 소문은 삽시간에 전국으로 퍼졌고 사람들은 배꼽을 잡고 웃었습니다. 어떻게 이런 어리석은 명령을 내릴 수 있느냐는 것이었습니다. 그러나 길을 다니면서 발에 먼지가 묻는 것을 견딜 수 없었던 왕은 이 명령을 거둘 생각이 없었습니다. 쇠가죽을 깔지 않으면 엄한 벌을 내리겠다고 했습니다. 신하들은 어찌할 줄을 몰랐습니다. 나라 안의 소를 다 잡은들 모든 길에 쇠가죽을 깔 수는 없는 노릇이었습니다.

신하들이 방법을 찾지 못하고 고민하고 있는데, 한 현자가 왕을 만나고 싶다고 했습니다. 그는 왕에게 자신 있게 말했습니다.

"왕이시여, 온 땅을 쇠가죽으로 덮는다는 것은 불가능한 일입니다. 온 세상 소를 다 잡아도 그렇게는 못합니다. 그러나 폐하께서 발에 먼지를 묻히지 않고 다닐 수 있는 좋은 방법이 있습니다. 온 땅을 쇠

가죽으로 덮을 필요 없이 폐하의 발을 쇠가죽으로 보호하면 되지 않겠습니까? 그것으로 폐하의 발을 잘 싸고 다니면 먼지도 묻지 않을 것이고 상처도 나지 않을 게 아닙니까?"
이 말을 들은 왕은 무릎을 쳤습니다.
"그것 참 좋은 생각이다."
이렇게 해서 구두가 생기게 되었다고 합니다.

온 세상 소를 다 잡겠다고 고민하며 아까운 시간을 낭비하지 마십시오.
단지 두 조각의 쇠가죽이면 충분합니다.

실패라는 이름의 영양제

어느 날 새끼 호랑이가 풀밭에서 재롱을 부리며 어미 호랑이와 재미있게 놀고 있었습니다. 그런데 그 앞으로 토끼가 지나갔습니다. 어미는 새끼를 훈련시킬 생각으로 토끼를 잡아보라고 했습니다. 토끼를 쫓던 새끼 호랑이는 토끼가 구멍 속으로 들어가는 바람에 놓치고 말았습니다. 토끼를 놓치고 온 새끼 호랑이가 어미 호랑이에게 물었습니다.

"엄마, 나 호랑이 맞아? 잘 달리지도 못하고 토끼 한 마리도 못 잡고 사냥도 못하는데 내가 호랑이 맞아?"

어미 호랑이는 새끼 호랑이에게 호랑이가 맞으니 걱정하지 말라고 대답했습니다.

그때 사슴이 지나갔습니다. 어미 호랑이는 새끼 호랑이에게 이번에는 사슴을 잡아보라고 했습니다. 새끼 호랑이는 이번에는 꼭 잡으리라 결심하고 쫓아갔지만, 사슴이 걸음이 얼마나 빠른지 그만 놓치고 말았습니다. 실망한 새끼 호랑이는 돌아와서 어미 호랑이에게 또 물었습니다.

"나 호랑이 맞아? 사슴도 잡지 못하는데 내가 호랑이가 정말 맞는 거야?"

어미 호랑이는 호랑이가 맞으니 걱정하지 말라고 다정스럽게 말했습니다.

이번에는 개가 지나갔습니다. 어미 호랑이는 새끼 호랑이에게 이번에는 개를 잡아보라고 시켰습니다. 새끼 호랑이는 이번에는 절대 놓치지 않겠다고 다짐을 하고 있는 힘을 다해 쫓아갔습니다. 그런데 개가 짖으며 덤비는 것이 아닙니까? 깜짝 놀란 새끼 호랑이는 어미 호랑이에게 달려갔습니다. 어미 곁에 온 새끼 호랑이는 잔뜩 실망한 표정으로 다시 물었습니다.

"나 호랑이 맞아? 난 개에게 쫓겨 도망치는데, 정말 호랑이 맞아?"

새끼가 자꾸 물어보자 화가 난 어미 호랑이가 소리를 질렀습니다.

"이 개새끼야. 그렇다면 그런 줄 알아!"

호랑이가 개새끼가 되고 말았습니다.

실패를 거듭한다고 해서 호랑이가 개가 되는 것은 아닙니다. 실패를 통해서 호랑이의 야성이 점점 살아나고 본성이 드러납니다. 실패는 호랑이가 호랑이로 성장하도록 도와줍니다. 지금은 개 한 마리 잡지 못하는 초라한 형편이지만, 언젠가는 천하의 동물들을 호령하는 호랑이가 될 것입니다.

개를 잡지 못해도 호랑이는 여전히 호랑이입니다.

미래가 궁금할 때

어느 조그마한 나라가 있었습니다. 나라가 너무도 작다 보니 이웃나라에서 툭 하면 침략을 했습니다. 어느 때도 이웃나라에서 쳐들어오겠다고 선전포고를 했습니다. 왕은 소식을 듣고 몹시 걱정이 되어 혼자 생각했습니다.

'앞날을 미리 알 수 있으면 참 좋겠는데….'

왕은 적과 싸워 이길지 질지 미리 알 수 있다면 좀 더 현명하게 대처할 수 있을 것이라고 생각했습니다. 그래서 나라에 있는 점쟁이들을 모두 불렀습니다.

"내가 이 전쟁에서 이길 것 같으냐 질 것 같으냐?"

점쟁이들이 무슨 수로 이것을 알겠습니까?

왕은 예언자, 철학자, 현자, 박사들을 다 불러서 전쟁의 운명에 대해 질문을 했지만 아무도 대답해주는 사람이 없었습니다. 왕이 몹시 답답해하고 있는데 누군가가 오랫동안 산속에서 은둔하고 있는 수도자가 있는데 그에게 물어보라고 했습니다. 왕은 은둔자를 왕궁으로 불렀습니다.

"내가 이번 전쟁에서 이길 것인지 질 것인지 대답해보라."

대답은 짤막했습니다.

"말해드릴 수 없습니다."

은둔자는 모른다고 대답하지 않고 말할 수 없다고 대답한 것입니다. 왕은 다시 한 번 전쟁에 이길지 질지 대답하라고 명령을 했으나 대답은 같았습니다.

"미래에 대해서는 말해드릴 수 없습니다."

"그렇다면 미래를 보는 방법을 가르쳐달라."

왕의 명령에 은둔자는 같은 대답을 했습니다.

"그것도 말해드릴 수 없습니다."

왕이 화를 내자 은둔자가 조용히 말했습니다.

"왕이시여, 생각해 보십시오. 만일에 전쟁에 이긴다고 하면 왕은 방심하게 될 것이고 전쟁에 진다고 하면 지레 겁을 먹고 벌벌 떨다가 제대로 한번 싸워보지도 못하고 도망하고 말 것입니다. 그래서 결과를 말해드릴 수 없다고 한 것입니다. 왕이시여, 한 가지 분명한 것은 전쟁이 있다고 하는 사실뿐입니다."

인생에 대해 너무 많은 것을 알려고 하지 마세요.

어차피 알 수도 없거니와 알아봐야 도움이 되지도 않습니다.

다만 당신에게 주어진 오늘을 당신의 것으로 만드는 사람이 되십시오.

내일을 걱정하느라 당신에게 주어진 오늘의 몫을 놓쳐버린다면 이런 어리석음이 어디 있을까요?

공짜를 좋아하시나요?

중국 춘추전국시대 노나라에 공무제라고 하는 사람이 있었습니다.

그는 고을의 원님으로서 덕으로 백성을 다스려 백성들이 평안히 살고 있었습니다. 평화로운 어느 날 이웃 제나라가 쳐들어온다는 소문이 들렸습니다. 공무제는 모든 고을 백성들을 서둘러 성안으로 모이라고 하고 성문을 닫으라고 명령했습니다. 그런데 한 가지 문제가 있었습니다. 성 밖 들판에 보리가 누렇게 익어 있는데 그 보리를 어떻게 할까 하는 문제였습니다.

만일에 그냥 성안으로 피해 들어가면 제나라 사람들이 다 약탈해갈 것이 뻔했습니다.

백성들이 공무제에게 말했습니다.

"무조건 성안으로 피할 것이 아니라 고을 백성들에게 네 것 내 것 가릴 것 없이 보리를 추수해서 가지라고 합시다. 그러면 너도 나도 달려들어서 재빨리 추수할 것입니다. 1년 동안 수고한 것을 적에게 내줄 수는 없지 않습니까?"

그러나 공무제는 단호하게 안 된다고 말했습니다. 보리를 버려두고 성안으로 피하라고 명령했습니다. 결국 백성들은 보리를 버려두고 성안으로 들어갔고, 제나라 군사들은 그 많은 곡식을 거두어 가버렸습니다.

이 사실이 임금에게 알려져 공무제는 재판정에 서게 되었습니다.

임금이 물었습니다.

"너는 적이 오는 것을 뻔히 알면서도 왜 보리를 거두지 않았느냐? 어찌하여 적에게 이로운 일을 했느냐?"

임금의 말에 공무제가 공손하게 대답했습니다.

"제가 한순간이지만 적을 이롭게 한 것은 사실입니다. 그러나 거기에는 그만한 이유가 있습니다. 상황이 어렵다고 해서 백성들에게 남의 것을 마음대로 거두어 먹으라고 한다면 그들이 앞으로 어떻게 생각하겠습니까? 아마도 피땀 흘려 살 생각은 안 하고 남의 것을 공짜로 얻을 수 있다는 생각을 가지게 될 것입니다. 이렇게 공짜로 남의 것을 가지는 것에 맛을 들이면 급할 때는 남의 것이라도 내 것처럼 가져도 된다는 못된 마음을 갖게 됩니다. 공짜를 바라는 버릇을 들여놓으면 10년이 가도 버릇을 고칠 수 없습니다. 백성들이 이런 마음을 가진다면 나라가 어떻게 되겠습니까?"
임금은 공무제의 깊은 뜻을 알고는 벌 대신 도리어 후한 상을 내렸다고 합니다.

공짜를 좋아하는 사람을 두고 불한당(不汗黨)이라 부릅니다.
한(汗) 자는 땀을 뜻합니다. 땀을 흘리기 싫어하는 무리들이라는 뜻입니다.
땀 흘리지 않고 얻은 이득을 한번 맛보면 중독됩니다. 공짜에 맛을 들이면 공짜만 찾아 눈에 불을 켜고 다니게 됩니다. 일하는 것이 한심해 보입니다. 한 건만 잘하면 되는데 뭘 그렇게 어렵게 땀을 흘리느냐고 빈정거립니다.

불한당이 많으면 나라가 망합니다.
아르헨티나는 남미의 보석으로 통하는 나라였습니다. 남미의 유럽이라고도 불렸습니다. 개척자들은 근면함으로 부강한 나라를 일구었습니다. 그러나 1946년 페론 정권이 들어서서 포퓰리즘(인기영합주의) 정책을 펴면서 사정이 달라지기 시작했습니다.
곡물 수출로 벌어들인 엄청난 돈을 노동자들에게 지급했습니다. 갈수록 노동은 적어지고 임금은 점점 많아졌습니다. 노동자들은 임금이 오를수록 더 많은 임금을 요구했고, 점점 더 일하기 싫어했습니다.

일은 하지 않으면서 유럽의 선진국처럼 놀기를 원했습니다.
그러나 잠깐이었습니다. 얼마 못 가서 국가 금고가 바닥나 버렸습니다. 아르헨티나는 첫 번째 국가부도를 만났습니다.
나라가 부도가 났는데도 아르헨티나 국민들은 생활방식을 고치지 못했습니다. 적은 노동, 높은 임금에 길들여진 국민들은 이미 늪에 빠졌습니다. 선진국처럼 즐기고 노는 습관을 고치지 못했습니다.
일하기는 싫어하면서 국가에 계속 높은 임금을 요구했습니다. 부도난 국가에 무슨 돈이 있겠습니까? 아르헨티나는 결국 두 번째 부도를 만납니다.
2001년에 네 번째 부도를 만나 국가는 파산하고, 국민 전체가 비참한 가난에 허덕이게 되었습니다.

땀 흘려 일하는 것이 애국입니다.
해묵은 소리 같지만 자기 자리에서 열심히 일하는 한 사람이, 국가 공동체를 세우는 훌륭한 애국자입니다. 나라를 위해 대단히 큰일을 하는 것만이 애국이 아닙니다.

2차 세계대전이 한창일 때, 오직 군인만이 애국하고 있다는 생각이 사람들을 지배하고 있을 때, 윈스턴 처칠은 라디오 연설을 통해 이렇게 국민들을 격려했습니다.

"군인은 전쟁터에서, 광부는 광산에서, 운전자는 도로 위에서, 주부는 가정에서, 각자 자기 맡은 일을 땀 흘려 완수하는 것이야말로 여러분들이 국가에 바칠 수 있는 최고의 애국입니다."

비둘기처럼 착하고
뱀처럼 지혜롭게

사자가 함정에 빠졌습니다. 아무리 몸부림을 쳐도 나올 수가 없었습니다. 그렇게 사흘을 굶고 나니 죽을 지경이었습니다. 마침 토끼가 그 옆을 지나가는데 사자가 눈물을 흘리며 사정을 했습니다.
"토끼야, 제발 나 좀 살려다오. 내가 지금 죽게 생겼다."
토끼는 어떻게 할까 고민을 하다가 눈물을 흘리는 사자가 불쌍해서 나뭇가지 하나를 비스듬히 굴려주었습니다. 사자는 나뭇가지를 타고 올라와서는 대뜸 토끼에게 이렇게 말했습니다.
"나를 건져준 건 고맙지만 지금 내가 몹시 배가 고프니 너를 잡아먹어야겠다."
토끼는 깜짝 놀라서 말했습니다.

"세상에 이렇게 의리 없는 법이 어디에 있습니까? 내가 당신을 살려주었는데 당신이 나를 잡아먹는다면 숲속 동물이 다 웃을 일 아닙니까?"

사자는 배고프니 괜찮다 하고, 토끼는 숲속 동물들이 비웃을 거라고 하면서 티격태격하고 있는 중에 여우가 지나가게 되었습니다.

사자는 여우를 보더니 자기가 토끼를 잡아먹는 것이 옳은지 아닌지 판결해달라고 부탁을 했습니다. 여우가 자초지종을 들어보고는 지혜를 내었습니다.

"사자님, 토끼가 사자님을 꺼내주기 전에는 어떤 모습으로 있었습니까?"

사자는 함정에 풀쩍 뛰어들어 "이렇게 있었지." 하고 말했습니다.

여우는 사자를 보고 "그럼 계속 그렇게 계십시오."라고 말하고는 "토끼야, 가자." 하고는 가버렸습니다.

순수함만 가지고 살기에는 험한 세상입니다.

우리가 흔히 하는 말에 "저 사람, 사람은 참 좋은데…" 라는 말이 있습니다. 칭찬 같지만 들어보면 욕입니다. 마음만 착하지 지혜가 없다는 말입니다. 그러기에 자기도 고생이요, 가족도 고생시키는 나쁜 사람이 되고 말았다는 말입니다. 착하지만 지혜가 없으면 안 해도 될 고생을 합니다.

가장이 어리석으면 가족 전체가 고생합니다.

기업의 리더가 지혜가 없으면 기업이 도산합니다.

나라 지도자가 어리석으면 나라 전체가 혼란에 빠집니다.

우리는 비둘기처럼 순수해야 하지만

또한 뱀처럼 지혜로워야 합니다.

7

삶의 속도를 늦추면
사는 법이 달라진다

자존심 상할 때

동물농장에서 큰 싸움이 벌어졌습니다.

싸움의 발단은 닭의 작은 실수에서 출발했습니다.

어느 날 닭이 실수로 오리의 발을 밟았습니다. 살짝 밟혀서 별로 아프지도 않았는데 오리는 발끈 화를 내며 소리를 질렀습니다.

"너, 왜 내 발 밟았어? 한번 붙어 볼래?"

이렇게 해서 닭과 오리가 싸우게 되었습니다. 푸드덕푸드덕하다가 오리가 실수로 옆에 있는 거위의 뺨을 때렸습니다.

거위가 발끈하며 소리를 지릅니다.

"야! 왜 너희들 싸우면서 내 뺨을 때리는 거야? 한번 해보자는 거야?"

거위도 끼어들어 동물 세 마리가 섞여서 싸웁니다. 싸우다가 옆에서 자고 있던 고양이를 건드리고 말았습니다.

"뭐야! 이런 건방진 것들이 감히 나를 건드려!"

고양이가 벌떡 일어나 다 물어뜯겠다고 소리를 지르며 달려듭니다. 아예 난장판이 되어버렸습니다. 그러다가 고양이가 옆에 있는 염소를 건드리고 말았습니다.

"고양이 따위가 감히 염소한테 대들어?"

염소는 고래고래 소리를 지르며 뿔로 고양이를 받아버리겠다고 쫓아다닙니다. 정신없이 쫓아다니다가 염소가 뒷다리로 말의 옆구리를 차버렸습니다.

"감히 염소 따위가 나에게 시비야!"

말이 벌떡 일어나더니 염소를 쫓아 뜁니다.

동물농장은 난장판이 되어버렸습니다. 왜 싸우는지, 누가 옳고 그른지, 이런 것들은 이미 잊어버리고 그저 싸움에 정신이 팔려 도망가고, 쫓아가고 있습니다.

농부가 동물농장에 와보니 아수라장이 되어 있었습니다.

"그만둬!"

농부가 소리를 꽥 지르자 비로소 조용해졌습니다.

싸움의 출발이 어디라고 생각합니까?

어떤 사람이 말했습니다.

"세계대전은 참을 수 있어도 기분 나쁜 것은 참을 수 없다고."

싸움의 문제는 결국 심리 문제입니다.
더 깊이 들어가면 싸움은 자존심의 문제입니다.
자존심에 목숨을 거는 것이 본래 인간입니다.
평화롭게 살려면 먼저 자존심 문제를 극복해야 합니다.
누구든지 먼저 자존심을 낮추고 겸손해지는 길만이 평화를 이루는 유일한 길입니다.

자존심의 옥타브를 한 단계만 낮추어 보세요.
평화가 마음에 눈처럼 쌓일 것입니다.

간절히 바라는데도
얻지 못하는 이유

어떤 사람이 사막을 여행하다가 요술램프를 발견했습니다. 정말 알라딘의 요술램프처럼 생긴 것이었습니다. 이 사람이 이것이 진짜인가 가짜인가 궁금해서 램프를 살살 문질렀더니 '펑' 하고 소리를 내며 그 속에서 요정이 나왔습니다. 요정을 보고 깜짝 놀란 남자에게 요정이 말했습니다.

"주인님, 소원을 말하면 제가 들어드리겠습니다. 그런데 꼭 한 가지 소원만 들어줄 수 있습니다. 가장 중요한 한 가지 소원만 말해주세요."

갑자기 한 가지 소원을 말하라고 하니 고민이 생겼습니다.

이 소원을 말하려고 하면 저 소원도 이루고 싶고 해서 쉽게 마음을 정하지 못하다가 꼭 필요한 것 세 가지를 생각해냈습니다.

돈과 여자와 결혼이었습니다.

남자는 돈, 여자, 결혼 세 가지 중 어떤 것을 정할까 고민하며 '돈, 여자, 결혼', '돈, 여자, 결혼', '돈, 여자, 결혼' 하고 되풀이해서 중얼거렸습니다. 그랬더니 요정이 그 사람의 중얼거림을 듣고는 소원대로 '돈 여자와 결혼'을 시켜주었다고 합니다.

웃음이 나오는 이야기지만 뒤끝이 아차 싶습니다.

우리가 아무것도 얻지 못하는 이유가 너무 바라는 것이 많기 때문은 아닌지 ….

우리는 왜 만족하지 못할까

미국에 사는 윌리엄 허스트는 부유한 생활을 하면서 골동품을 수집하는 취미가 있었습니다. 세계적으로 희귀한 골동품을 수집하는 것이 인생의 목표인 사람처럼 몰두했습니다. 진귀한 골동품이 있는 곳이면 어디든지 달려가서 많은 돈을 주고 구입하곤 했습니다. 그렇게 구입한 골동품이 온 집에 가득 쌓였습니다.

어느 날 유럽 왕실에서 사용하던 도자기가 있다는 기사를 보게 되었습니다. 잡지에서 그 기사를 보는 순간 '저것을 꼭 사야겠다.'고 마음먹고 유럽 여행을 시작했습니다. 여러 나라를 다니며 골동품을 찾아도 찾을 수가 없었습니다.

다시 기사를 보니 그 골동품이 미국인에게 팔렸다고 했습니다. 도대체 누굴까 궁금해 하며 기사를 자세히 읽어보니 자기 이름이 있는 게 아닙니까?

너무 많은 골동품을 갖고 있다 보니 자기가 갖고 있으면서도 알지 못했습니다. 골동품을 사서 쌓아 놓기만 했지 그 하나하나의 가치에 대해서는 깊이 생각하지 않았던 것입니다.

자기가 가지고 있는 것의 소중함을 모르는 사람은 아무리 좋은 것을 가져도 만족하지 못합니다.

불안에서 벗어나는 놀라운 방법

인도의 한 마술사가 쥐 한 마리를 관찰하고 있었습니다. 쥐는 내내 불안과 초조에 떨고 있었습니다. 이리 돌아보고 저리 돌아보면서 두려움에 떨고 있었습니다. 왜 그럴까 살펴보니 쥐는 고양이 때문에 연신 주위를 둘러보며 불안해하는 것이었습니다. 고양이가 언제 와서 덮칠지 몰라 불안에 떨고 있었던 것입니다. 마술사는 그 쥐가 불쌍해서 고양이로 만들어 주었습니다.

그런데 고양이가 된 뒤에도 불안해하기는 마찬가지였습니다. 왜 그러는가 했더니 이번에는 개 때문이라고 했습니다. 개가 겁이 나서 한시도 마음을 놓을 수 없다는 것입니다. 마술사는 다시 고양이를 개로 만들어 주었습니다.

그래도 두려워서 떨기는 마찬가지였습니다. 이번에는 호랑이 때문이라는 것입니다. 그래서 또다시 호랑이로 만들어 주었습니다. 호랑이가 된 후에도 여전히 떨고 있는 게 아닙니까? 이유를 알아보니 사냥꾼 때문이라는 것입니다. 사냥꾼이 언제 잡을지 몰라서 불안에 떨고 있다고 했습니다.
그 모습을 본 마술사는 할 수 없다는 듯 호랑이를 다시 쥐로 만들고 말았습니다.

불안한 사람들은 대부분 오직 자기 안전 외에는 생각이 없는 사람들입니다.
불안을 이기는 제일 좋은 방법은 자기 안전을 잊어버리고 남을 위해 자기 자신을 내어놓는 것입니다. 다른 사람을 위해 자기 자신을 내어놓을 때 신비하게 불안이 사라지고 평안이 찾아옵니다.

어쩌면 불안은 이기적인 사람에게 내리는 신의 형벌일지도 모릅니다.

명예를 지키는 법

알렉산더 왕이 거느리고 있는 군대의 사병 중 왕의 이름과 똑같은 이름을 가진 사병이 있었습니다. 그는 문제를 아주 많이 일으키는 사병으로 소문이 났습니다. 가는 곳마다 사고를 치고 다녔습니다. 그가 사고를 칠 때마다 상관들이 기합을 주면서 "알렉산더, 너 똑바로 하지 못하겠어. 멍청한 놈 같으니라고!" 하고 말하니 알렉산더 대왕에게도 큰 불명예가 되었습니다. 이 소문이 왕의 귀에까지 들어갔습니다. 왕은 오랫동안 참다가 드디어 사병이 있는 막사로 찾아갔습니다.

마침 그날도 졸병은 술에 잔뜩 취한 채 군기를 어지럽히고 있었는데, 바로 그 순간 대왕 알렉산더가 졸병 알렉산더를 만나러 온 것입니다.

"내가 누구인지 아느냐?"

깜짝 놀란 졸병은 벌벌 떨며 용서를 빌었습니다.

"네 이름이 분명히 알렉산더가 맞느냐?"

"예, 그렇습니다."

"언제부터 그 이름으로 불렸느냐?"

"아버지가 지어준 이름이니 아주 어렸을 때부터 불린 이름입니다."

그 말에 알렉산더 대왕이 엄하게 말했습니다.

"네 이름 때문에 내 명예가 훼손되고 있다. 너의 형편없는 행동 때문에 마케도니아 대왕인 알렉산더의 이름이 욕을 먹고 있으니, 이제 명령한다. 지금부터 네 이름을 바꾸어라. 그렇게 못하겠거든 행실을 바꾸어라."

이 졸병이 어떻게 했으리라 생각하십니까?

이름을 바꾸든 행실을 바꾸든 둘 중 하나는 하지 않았을까요?

아니면 죽을 테니까···.

본래의 나와 만나기

독일의 염세주의 철학자 쇼펜하우어가 혼잡한 길을 걸어가면서 무엇인가 골똘히 생각하고 있었습니다. 세상이 어떻게 돌아가는지, 어떤 사람들이 오고가는지, 거리에는 무슨 건물이 있는지 하나도 눈에 들어오지 않았습니다. 그렇게 무엇인가 심각하게 생각하고 가다가 그만 반대편에서 걸어오는 사람과 딱 부딪히고 말았습니다.

상대방이 버럭 화를 냈습니다.

"당신 누구요?"

쇼펜하우어는 미안하다는 듯 머리를 긁적이며 대답했습니다.

"바로 그것이 문제입니다. 나도 내가 누군지 궁금합니다. 나는 누구입니까?"

나는 누구입니까?

자식이 아버지라 부르니 아버지입니까?

사회의 직함이 나입니까?

남들이 늙었다고 하니 노인이고 젊었다고 하니 청춘입니까?

이 모든 것을 제거하면 나는 도대체 누구로 남는 겁니까?

회사를 퇴직하고 나서 부쩍 무력해진 남자들이 많습니다. 자녀들을 출가시킨 후 우울증에 걸린 여자들도 있습니다. 왜 이런 일이 일어날까요? 본래의 나를 알지 못한 채 거짓된 나에 속아서 살았기 때문입니다.

본래의 나를 모르면 거짓된 자기 모습이 벗겨질 때 고통을 겪어야 합니다.

"건강한 사람의 첫째 특징은 자기가 누구인지를 아는 것이다."

정신분석학자 브리츠 필스의 말입니다.

도움보다 외면이 필요할 때

영국의 자연주의 과학자 알프레드 윌리스가 참나무산누에나방이 번데기에서 나방으로 변하여 고치를 뚫고 나오는 모습을 관찰하고 있었습니다. 나방은 꼭 바늘구멍 만한 구멍을 뚫어 그 틈으로 빠져나오기 위해 꼬박 한나절을 애쓰고 있었습니다. 나방은 그렇게 힘든 고통을 치른 후 드디어 고치 밖으로 나왔습니다. 그러더니 공중으로 훨훨 날갯짓을 하며 날아갔습니다.

나방을 관찰하던 윌리스는 매번 작은 구멍으로 힘들게 나오는 것이 안쓰러워 한번은 가위로 구멍을 잘라서 넓혀 주었습니다. 나방은 큰 구멍을 통해서 금방 나올 수 있었습니다. 그런데 이상하게도 쉽게 구멍에서 나온 나방은 제대로 날지도 못할 뿐 아니라 어렵게 구멍을 나온 나방보다 날개 무늬나 빛깔도 영 곱지 않았습니다. 간신히 푸드덕 푸드덕 몇 번 날갯짓을 하더니 얼마 지나지 않아 그만 죽어버리고 말

있습니다.

박사는 적잖은 충격을 받았습니다. 자기는 나방을 위해서 친절을 베풀어준 것인데 나방은 박사의 도움 때문에 죽어버린 것입니다.

후에 월리스 박사는 자신의 행동을 후회하면서 이렇게 말했습니다.

"나의 성급한 친절로 나방은 아름다운 날개 빛깔을 만들지 못했으며 나의 성급한 도움으로 나방의 생명이 단축되었다."

인생을 살다 보면 때로 고통 가운데 처절한 몸부림을 쳐야 할 때가 있습니다. 죽을 것 같고 앞길이 도저히 열릴 것 같지 않을 때가 있습니다. 누군가가 도와주었으면 좋겠다는 마음이 간절하게 들 때가 있습니다. 혼자 버려진 것 같은 기분을 느끼는 순간이 있습니다. 당사자도 고통스럽지만, 곁에서 보고 있는 이들도 안타깝기만 합니다. 당장 손을 뻗어 구해주고 싶습니다.

그러나 이때 잠시 멈추어야 합니다. 어려울 때마다 도움을 받는 것이 습관이 되면 받은 사람은 아름다운 날개를 가진 나비로 성숙할 기회를 잃어버리고 맙니다. 그 사람은 지금의 고통을 통과하면서 날개의 힘을 기르고 있습니다. 아름다운 날갯짓을 하며 드넓은 창공을 나는 나비가 될 준비를 하고 있는 것입니다.

우리는 무작정 도움을 주는 것만이 선행이라고 생각하고 있습니다. 그러나 때로는 가슴 아프지만 고통에 잠시 내버려두는 것도 선행이 될 수 있다는 것을 기억해야 합니다.

고통 속에서 몸부림치는 동안 더 강한 사람으로, 더 실력 있는 사람으로, 더 인격이 깊은 사람으로, 더 겸손한 사람으로 성장하고 있으니 말입니다.

동전 소리와 귀뚜라미 소리

뉴욕 시내에 사는 백인에게 인디언 친구가 찾아왔습니다. 두 친구는 오랜만에 만나 뉴욕 시내를 걷고 있었습니다. 갑자기 인디언 친구가 발을 멈추더니 어디서 귀뚜라미 소리가 들린다고 말했습니다.

"뉴욕 한복판에서 무슨 귀뚜라미 소리가 들린단 말인가?"

"이리 와보게나."

인디언 친구를 따라가 보니 길모퉁이에 있는 나무에서 귀뚜라미 소리가 나는 것이었습니다.

"자네, 시골에 살더니 청력이 아주 좋네."

백인 친구의 말에 인디언은 아무 말도 하지 않고 가지고 있던 동전 하나를 아스팔트 바닥에 떨어뜨렸습니다. 땡그랑 하고 동전 소리가 들리자 사람들이 일제히 동전을 바라보았습니다. 다들 동전이 굴러가는 모습을 보고 있는데 한 아이가 동전을 따라가서 주워 들고는 아주 좋아하며 엄마한테 달려가 자랑을 했습니다.
이 모양을 보고 인디언 친구가 말했습니다.
"여보게 친구, 문제는 관심이야!"

어느 날 저녁 아파트 뜰을 걷고 있는데 뻐꾸기 울음소리가 들려왔습니다. 매일 저녁 뻐꾸기는 울었겠지만 웬일인지 한번도 들은 기억이 없었습니다. 아이들을 불러내 저 소리가 뻐꾸기 소리라고 가르쳐주며 귀를 기울이고 있는데 새삼 어린 시절 기억이 떠올랐습니다.

긴장으로 뭉쳤던 마음이 느슨해지는 것을 느끼며, 오랜만에 여유로운 저녁 시간을 보낸 기억이 있습니다.

스트레스에는 대단한 치유법이 필요하지 않습니다.
귀뚜라미 소리를 들을 수 있는 마음의 여유만 있으면 충분합니다.

죽을 만큼 힘들 때

　　🌀 자살 직전에 있던 한 청년이 신부님에게 와서 심경을 고백했습니다.

가정 문제, 경제적인 파탄, 사회적인 소외 등등 자살할 수밖에 없는 많은 이유를 열거했습니다.

신부님은 청년의 이야기를 다 듣고 난 후 동정하며 이렇게 대답했습니다.

"충분히 자살할 이유가 되는군요. 나라도 그렇게 어려운 형편이라면 더 이상 살 수 없겠습니다."

청년이 그 말을 듣고 멍하게 앉아 있는데 신부님이 말을 잇습니다.

"한 가지 부탁이 있는데 죽기 전에 나를 좀 도와주면 안 되겠습니까?"

청년이 대답했습니다.

"어차피 죽을 몸인데 신부님이 도움이 필요하시다면 제가 도움을 드리겠습니다. 그러고 나서 자살하겠습니다."

신부님은 청년을 데리고 집 없는 사람들을 위해 집을 지어주기 시작했습니다. 아침부터 저녁까지 땀을 뻘뻘 흘리면서 신부님과 함께 가난한 사람을 위해 집을 지었습니다.

얼마 뒤 청년이 신부님에게 이런 말을 했습니다.

"신부님, 죽기가 싫어졌습니다."

신부님이 이유를 물으니 그는 이렇게 말을 이었습니다.

"신부님은 자살하고 싶다는 제게 아무런 도움도 주지 않았습니다. 오히려 신부님은 제게 도움을 요청하셨습니다. 신부님을 도와 같이 일하고, 땀 흘리고, 가난한 이를 돕기 시작하면서부터 제 속에서 살아야 할 이유를 발견했습니다. 어떻게 사는 것이 행복한 삶인지 이제야 깨닫게 되었습니다."

불행이 자기만을 위해 사는 사람에게 내린 신의 형벌이라면 행복은 남을 위해 봉사하는 사람에게 주는 신의 선물입니다.

남을 위해 봉사하는 사람 중에는 불행한 사람이 없습니다.

사람은 대부분 너무 이기적이기 때문에 불행합니다.

지금 만족하지 못한다면 봉사의 땀을 흘려보세요.

인생의 의미와 활력을 얻게 될 것입니다.

행복한 멈춤

 아프리카에 위치한 칼라하리 사막에는 '스프링벅' (spring bok)이라 불리는 영양이 떼를 이루어 살고 있습니다. 가끔씩 수천 마리 영양이 낭떠러지에서 떨어져 죽는 일이 일어난다고 합니다. 산양은 보통 2~30마리씩 떼를 지어 다니는데 어떤 때는 수천 마리 또는 수만 마리가 모여 이동할 경우가 있다고 합니다. 수만 마리가 한꺼번에 이동을 하다 보니 앞의 양들은 풀을 먹을 수 있지만 뒤따라가는 양들은 먹을 풀이 없어 굶게 됩니다.

앞의 양이 먼저 먹고 난 후 그 뒤를 따르는 양들이 풀을 밟고 지나가니, 맨 뒤에 있는 양들은 전혀 풀을 먹을 수 없는 일이 생깁니다. 당연히 풀을 먹기 위해서는 다른 양보다 앞서 갈 수밖에 없습니다.

그래서 양들은 풀을 먹기 위해 앞으로 나서고 또 뒤로 처진 양들은 다시 앞으로 나서고 이렇게 서로서로 앞서 가려고 싸우게 됩니다. 그러다 보니 점점 속력이 빨라지고 결국은 정신없이 앞으로 달리기만 합니다. 이제부터는 아무도 풀을 먹지 못합니다. 풀을 먹자고 달리는 것이 아니라 자기가 먼저 앞에 가기 위한 목적으로만 정신없이 달립니다. 그렇게 계속 달려가다 보니 앞에 낭떠러지를 만나도 멈추지 못하고 뒤에서 오는 양에 떠밀려서 다 떨어져 죽고 마는 것입니다.

뛰면서 생각하라는 충고가 현대인의 슬로건이 되어 있지만 사실 뛰면서 생각하기란 불가능합니다. 제대로 된 생각을 하려면 마음에 평안이 있어야 합니다. 마음의 평안은 고요한 상태에서만 얻을 수 있습니다.

어떤 사업가는 중대한 결정을 할 때 혼자만의 조용한 시간을 가진다고 합니다. 한적한 별장에서 3일 혹은 일주일씩 고요한 가운데 내면의 소리에 귀를 기울입니다. 세상의 시끄러움, 주위의 의견, 표면적인 이끌림들이 사라질 때까지 묵묵히 기다리기만 합니다. 시간이 흐르면서 번뇌가 사라지고 마음 깊은 곳으로부터 강렬한 소원이나 느낌 같은 것이 솟아납니다. 고요한 시간이 지속되는 동안 내면의 느낌은 점점 강렬해지고 구체화되는 곳까지 이릅니다. 그 상태가 되면 그는 그것을 선택하고 용기 있게 실행한다고 합니다.
사업가는 이런 방법으로 중대한 결정에서 한 번의 실수도 없이 항상 옳은 선택을 할 수 있었다고 합니다.

중대한 결정을 앞두고 있고, 주위의 의견이 오히려 당신의 선택을 오리무중으로 빠뜨리고 있다면 이제 내면의 소리에 귀를 기울일 때입니다.

일을 잠시 멈추세요.
마음의 모든 번잡스러움이 사라질 때까지 침묵하세요.
내면의 느낌이나 솟아오르는 소원에 집중하세요.
느낌이나 소원이 일어날 때 섣불리 선택하지 말고 좀 더 기다리세요.
분명한 확신이 되어 마음을 사로잡거든 그것을 선택하고 용기 있게 행동하세요.

이것은 몇 분 만에 할 수 있는 일이 아닙니다.
시간이 필요합니다.
며칠 혹은 몇 주가 걸릴 수도 있습니다.

정신없이 달리고 있는 동료들과 세상에 유혹당하지 마십시오.
당신은 지금 거대한 스프링 벅들의 달리기 경쟁에서 잠시 비껴선 상태입니다.

며칠 시간을 내어 조용한 곳으로 침묵여행을 떠나보십시오.